カナダ騎馬警察
アングロサクソン諸国の中のカナダ

Close up of the RCMP in Japan

加藤　元

ミュージカル・ライドにおけるザ・ブライダル・アーチ。結婚式がテーマである。

子供たちから愛されているパレード後の馬上のマウンティーズ。

馬から降りたマウンティーズは、心やさしき紳士淑女警官になる。

赤いチュニックとスティッソン帽だけがマウンティーズではない。これが本来の日常公務姿のマウンティーズである。

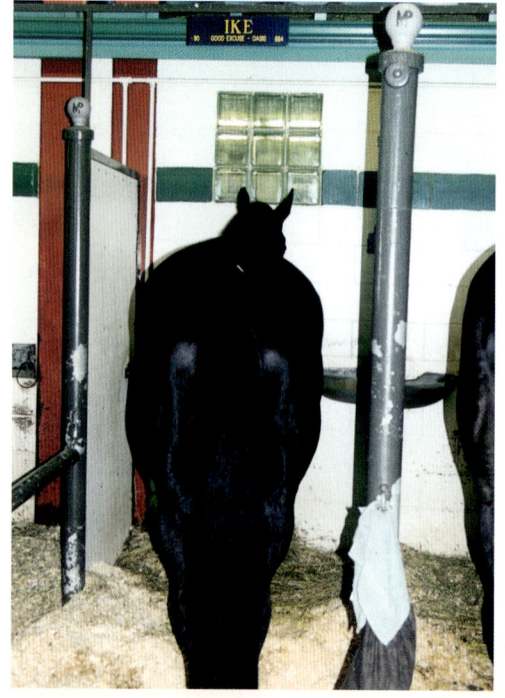

ＲＣＭＰ所有のパトカー。馬のイラストが描かれているのは、マウンティー魂の表れ。

アイクという名の名馬。この名の由来は、第二次世界大戦の英雄アイゼンハワー将軍の愛称からつけられたもの。

はじめに

　大方の日本人は、カナダの夏の旅といえば、カナディアン・ロッキー、ナイアガラの滝、赤毛のアンといった旅を思い浮かべるが、地元のカナダ人がこれらに負けないくらい、世界に向かって自慢するのが、マウンティーズ注1こと王立騎馬警察（RCMP注2）によるミュージカル・ライドという馬術ショーを、中心とした儀式である。

　私は2001年と2年の夏に二回カナダに行き、一回目は、西部サスカチュワン州レジャイナと太平洋岸ブリティッシュ・コロンビア州バンクーバー、二回目は、カナダ最大の都市である東部オンタリオ州トロント経由で、カナダの首都である同州オタワのRCMP関係の施設を見てきた。

　RCMPのルーツは、カナダが1867年にイギリス連邦の自治領として独立してまもない1873年に、治安維持のためレジャイナで発足し、大英帝国の威信を借りるための赤いチュニック（上着）とスティッソン帽（硬いつばのスカウト帽）は、それを見ただけで、カナダのシンボルといっていいほど世界的に有名である。

　一回目はバンクーバー経由で、レジャイナに向かい「RCMP博物館」を訪問した。ここはRCMP発足の地であって、副司令部と新人研修のトレーニング・センターが置かれている。博物館は、RCMPの歴史などを展示していて、またギフト・ショッ

プもあり、そしてアカデミー見学ツアーや新人パレードも見物できるなど、カナダ、アメリカ中から見物客がやってくる。

　それからバンクーバーに向かって、市内見物のあと「海洋博物館内」に展示されている世界最初の北米大陸（通常のカナダ、アメリカばかりでなくメキシコからパナマまでの中央アメリカも含む）一周を成し遂げた「RCMPセント・ロック号」を訪れた。北極経由のためか文句なしに、その雰囲気が漂っていた。

　二回目は、トロント市内見物のあとに、オタワに向かい、オタワ二日目は、ちょうど7月1日のカナダ独立記念日にあたっていたので、市内中心部はカナダ国旗の海と化していた。

　また市内中心部から自動車で、約30分前後で行ける郊外の牧場的雰囲気をもつ知られざるオタワの名所、「ミュージカル・ライド・センター」に行き、そこでは美人ガイドによるツアーがあり、冬は雪に覆われるので屋内で、ミュージカル・ライドの練習に使われるトレーニング・グラウンドやイギリス王室を始めとした各国首脳のパレードに、使用された馬車やRCMPの歴史を展示した絵画や写真、そしてミュージカル・ライドに使われる道具の展示や名馬の飼育ぶりなどを、説明してもらい、名物「ミュージカル・ライド」も見物した。

　このミュージカル・ライドは、カナダが世界に誇る人間国宝軍団の妙技なので、観客は歓喜のるつぼと化して、またイギリス王室を元首にいだいているイギリス連邦の国なので、イギリス国旗ユニオンジャックを描いているカナダ各州旗なども目につき、大英帝国の忠誠な長女国家も実感した。

　そして、二部におけるアングロサクソン諸国の中のカナダでは、イギリスを母なる大英帝国として独立したカナダを中心として、イギリス、アメリカ、オーストラリア、ニュージーランドの国家的個性、プロフィールなどを、紹介している。

　本書を読んで、カナダが世界に誇る人間国宝軍団・王立カナダ騎馬警察並びにアングロサクソン国家カナダを理解でき、かつ新しいカナダの旅の楽しみを見出す足掛かりになれば、著者としてはとても幸いである。

注1　マウンティーズ〜「騎乗者たち」を意味し王立カナダ騎馬警察官の愛称。
注2　RCMP〜（Royal Canadian Mounted Police）の略。「王立カナダ騎馬警察」を指す。また日本語での公式名称は「カナダ連邦警察」というが、イギリス王室とは決して無縁ではないので、本書における日本語表現は「王立カナダ騎馬警察」で統一する。

　　　　　　　　　　　　　　　　カナダ独立記念日を祝して
　　　　　　　　　　　　　　　　2006年7月1日
　　　　　　　　　　　　　　　　　　　　加藤　元

カナダ騎馬警察◆目次
はじめに *1*

1部・王立カナダ騎馬警察紀行 *9*
私のマウンティー見聞記　カナダ西部編 *12*
◆レジャイナ編 *12*
- バンクーバーからレジャイナへ *12*
- レジャイナのプロフィール *14*
- RCMPの表玄関 *16*
- アカデミー見学ツアー *18*
- 中庭とパレード *20*
- 博物館内部 *21*
- レジャイナの中心部（州議事堂）からRCMP博物館への行き方 *24*

◆バンクーバー編 *27*
- 再びバンクーバーへ、まさに英国とアジアの混合文化 *27*
- バンクーバーのプロフィールと日本との関係 *34*
- セント・ロック号、海でも活躍したマウンティーズ *35*
- バンクーバーの中心部（ダウンタウン）から海洋博物館への行き方 *39*

私のマウンティー見聞記　カナダ東部オタワ編 *44*
◆トロントを拠点としたオタワ・マウンティー・イベントの旅 *44*
- トロント到着 *44*
- トロントを見て～世界中の民族のモザイクだが、社会の芯はアングロサクソン～ *47*

- トロントのプロフィール　*54*
- トロントからオタワへそして、ケベック州にも足を踏み入れて　*55*

◆独立記念日（7月1日）のオタワを見て　**58**
- 国会議事堂　*58*
- 市内中心部編　*65*

◆平日のオタワの名所他　**72**
- カナダ戦争博物館　*72*
- ローリエ・ハウス　*74*
- リドー・ホール（総督公邸）　*77*
- レストラン編　*81*
- タクシー編　*82*
- オタワのプロフィール　*83*

◆知られざるオタワの名所、ミュージカル・ライド・センターを訪れて　**85**
- １日目、ミュージカル・ライド・センター見物―予期せぬ幸運な出来事が　*86*
- ２日目、ミュージカル・ライドを見て―カナダが世界に誇るアイデンテイテイ　*93*
- マクラーン隊長とスコットランド系カナダ人　*94*
- RCMPサンセット・セレモニーズ―前座編、スコッティッシュ・ダンス、馬術、警察犬ショー　*98*
- RCMPミュージカル・ライド・ショー　*100*
- 絵になるミュージカル・ライドのフィギュア（馬術妙技）*105*
- オタワの中心部（国会議事堂）からRCMPミュージカル・ライド・センターへの行き方とオタワ市内一覧図　*108*

◆マウンティー早分り　*110*
①RCMP（王立カナダ騎馬警察）史　*110*
②王立カナダ騎馬警察分割地域　*113*
③RCMP（王立カナダ騎馬警察）の階級表　*116*
④RCMPミュージカル・ライドを日本のNHK放送番組や行事にあてはめると　*119*
⑤赤い制服の騎馬警官「マウンティーズの誇り」　*130*
⑥女性の王立カナダ騎馬巡査はいつ誕生したのでしょうか　*137*
⑦お礼の言葉と各RCMPの連絡先　*137*

2部・アングロサクソン諸国の中のカナダ　*139*
◆アングロサクソン諸国の共通点と相違点　*140*
・アングロサクソン諸国の国際的団結　*140*
・アングロサクソン諸国の相違的プロフィール　*145*
・アングロサクソン諸国内における共通点と相違点　*148*
・イギリス人（系）イコール・アングロサクソン人（系）と判断するのは間違い　*150*

◆カナダとアメリカの共通点と違い　*157*
・カナダとアメリカの共通点　*157*
・カナダとアメリカの違い　*163*
・カナダの中のフランス、ケベック州　*171*
・カナダ各州のお国自慢的プロフィール　*175*
・カナダの主要民族構成　*180*

参考文献　*182*
・おわりに　*186*

1部　王立カナダ騎馬警察紀行

←RCMP博物館の名秘書、ウェンディ・クラウシャウアーさんと男性スタッフ。
RCMP博物館

→RCMP博物館のチャペル。1883年に完成して、マウンティーの食堂及び酒場だったのが、1895年にチャペルに改造。
RCMP博物館

←RCMP博物館内におけるチャペル内部のマウンティーズのステンドグラス。左側にカナダ国旗。右側にマウンティー旗が掲げられている。
RCMP博物館

→マウンティーの殉職者の氏名を刻んだ慰霊碑。
RCMP博物館

→19世紀当時の雰囲気をロウ人形で描いている。
RCMP博物館

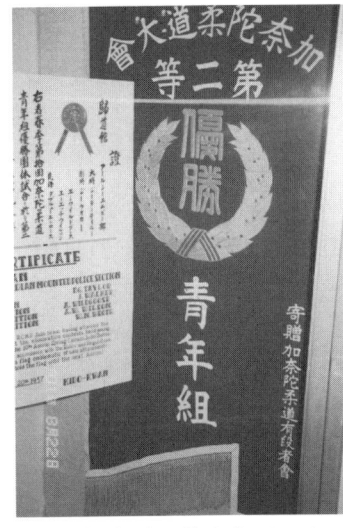

←マウンティーズは、戦前から柔道を修得していた。1937年当時の縦長の優勝旗。
RCMP博物館

→19世紀当時に使われていた大砲の展示。
RCMP博物館

←プロペラ機時代におけるマウンティー専用機の展示。
RCMP博物館

私のマウンティー見聞記　カナダ西部編

レジャイナ編

　バンクーバーからレジャイナへ

　前日（2001年8月20日）、17時45分成田国際空港発のＡＣ3004便＊は、同日バンクーバー時間午前10時（日本時間は、21日午前2時）に、バンクーバー国際空港に到着した。この時期は、バンクーバー地区とカナディアン・ロッキーへの観光客が多いせいか、日本人の割合が実に高いのに加え、少し距離を置くと日本人にも見えるような中国人（カナダ生まれの人々も含む）も実に目立つ。

　事実私自身は、中国系からの入国審査を受けた。「入国目的は？」の問いに、「観光ですが、今日レジャイナに向い、二泊し翌日RCMP博物館を見物し、そして22日にバンクーバーに戻って、市内観光と共に24日に、PNE（パシフィック・ナショナル・エキスハイビジョン）で行われるミュージカル・ライドを見物し、25日に帰国します」と答えると、温かく迎えてくれた一方で、日本人観光客にしては実に珍しいっていう表情だった。

　多様文化主義が国是で、それぞれの移民が独自の文化、宗教、言語を保持しながら平穏に生活することができるカナダである

が、全く他人種と混血していなくても、カナダ生まれの二世、三世以降になれば、言語的にも英語が一番得意になるという意味や国民性では、アングロ・カナディアン化（アングロサクソン系カナダ人的）している。

　入国審査を終えると、現地在住の中年日本人女性係員の出迎えを受けて、国内線で14時10分バンクーバー発のレジャイナ行の出発までまだ二時間ほどあった。

　13時に、係員が迎えに来て、そして出発ゲートに向かう前に両替所で早速アメリカ・ドルからカナダ・ドルに両替し、出発一時間前の13時10分に、レジャイナ行きの到着ゲートに入る。ところが、出発時刻の30分前に、「14時10分発のレジャイナ行きＡＣ8496便は、遅れて出発時刻が未定です」との港内放送があった。

　なんとこの便は、実に約三時間遅れの16時55分に、バンクーバーを出発しレジャイナ＊に到着したのが、レジャイナ時間、20時05分（バンクーバー時間19時05分）であった。タクシーで、宿泊先の「デイズ・イン」に20時30分に到着した。

＊　ＡＣとは、（Air Canada）の略で、以後この見聞記におけるＡＣ～便とはエアー・カナダを指す。
＊　レジャイナのあるサスカチュワン州は、通常は中部時間であるが、サマー・タイムをとらないのでこの時期は、ロッキー山脈時間となる。

・レジャイナのプロフィール

　午前8時30分に、起床し朝風呂に浸る。旅先のホテル内での朝風呂は、私にとっては、ストレス解消の一つなので、とても気分がいい。9時15分に、ホテル一階のロビー内での簡単なトースト、マフィン主体で、コーヒーやオレンジジュース飲み放題の朝食をする。

　ホテルと表記しているが、地元では経済的なモーテルなので、高級的なホテルの朝食のように、食品がバラエティに富んではいないが、朝のスタミナ補給の点では、文句ない（ちなみにこのホテル内には、レストランがなく前述した朝食以外の食事は、レストランに行くか宅配ピザでも取るしかない）。

　10人ほどの朝食客の中に、3人だが騒々しそうにしゃべり、MINNESOTAのマークのTシャツを着て、鼻ひげをはやした中年男性の家族は、アメリカ人であった。8月20日から25日まで行われている地元のレジャイナ・アグロドームでのロイヤル・レッド・アラビアン・ホース・ショー参加のために、ミネソタ州からトレーラーをひいてやって来たのである。

　典型的なカナダ人は、アメリカへ行っている時は、アメリカ人と間違えられないようにするために、カナダのシンボルであるカエデのワッペンをカバンにつけたり、カエデのマークのついたTシャツやポロシャツなどを着て、カナダ人的アピールをするのに対し、アメリカ人のなかでもカナダとの国境沿いの州に住むアメリカ人にとっては、自分が住んでいる州の表示や騒々しい態度だけで、アメリカ人的アピールが出来るようで、アメリ

カ人にとってもカナダは本来外国なのに彼ら（カナダとの国境沿いの州の人々）にとっては、まるでアメリカの他州に来たような感覚である。

　10時に、タクシーが迎えに来てデイズ・インを出て、RCMP（Royal Canadian Mounted Police の略で、王立カナダ騎馬警察）博物館へ向かう。ここで、レジャイナのプロフィールを紹介すると、元々この地は、カナダ・インディアン・クリー族の言葉で、「骨の積み重なった山」を意味する"オスカナ"という名であった。

　それが1882年に、この地に最初の列車が到着したのを機に、当時カナダ総督の妻であったルィーズ王女が、大英帝国の君主であったビクトリア女王の名を冠し、ラテン語で"女王"を意味するレジャイナと町の名を改名して、今日に至っている。それと日本でも有名なカナディアン・ロッキーの神秘的な湖、レイク・ルィーズは、ルィーズ王女にちなんで名づけられている。

　レジャイナは、サスカチュワン州の州都であり、それにふさわしくこの都市は、人工的で官僚的な雰囲気を持っている。コバックさんというハンガリー系のタクシー・ドライバーの運転で、最初に降り立ったのは、市内中心部マーケット・スクエア内にあるビクトリア女王にちなんで名づけられたビクトリア公園である。この公園は、とても美しい緑豊かな樹木を持ち、周りに20階建て前後のビルが立ち並んでいながら、スモッグの気配を全く感じさせない。

　次に訪れたのが、ワスカナ湖（人工湖）とサスカチュワン州

議事堂だ。1905年から7年がかりで、総工費180万ドルを投じて1912年に完成した上品で奥ゆかしい美しさを持つロマネスク様式のこの州議事堂は、中央にカナダ国旗、向かって左側にサスカチュワン州旗、右側にユニオンジャックで知られる旧君主国の英国旗がかかげられていて、イギリス連邦の一員であることを実感させられる。

　州議事堂を囲む幾何学式庭園では、四季（私が訪れたのは夏）の花々が咲き誇っていて、華麗な建物や青く美しいワスカナ湖と調和し、実に絵になる光景である。そして、今から一世紀以上も前から1945年までの執政官の居室を、展示しているガバメント・ハウスを経由して、待望のRCMP博物館に着いた。

・RCMP博物館の表玄関

　10時50分、サスカチュワン州の州都であり官僚的な匂いを、漂わせるレジャイナの州議事堂と並ぶ二大観光名所、「RCMP博物館」に、到着した。出入口には、マウンティーズ（王立カナダ騎馬警官の愛称）の写真や絵画、イラストなどが、無数に展示されている。

　その中の代表的なイラストには、漫画的だが、赤いジャケットと紺のズボンの下半身とクリーム色のつば広の帽子との間には、子供から大人までマウンティーになった気分になれる物があって、大方の観光客が記念撮影をしている。私もついに、童心に帰ってこの記念撮影を、地元の観光客にしてもらった。

　館内の目と鼻の間には、マウンティー関係の幼児用アクセサ

リー、本、しおり、Tシャツ、トレーナー、馬も含む人形、飲食関係のアクセサリー、ネクタイ、ペンダント、キーチェーン、旗や紋章、帽子類、ライセンス・プレート、磁石、プレースマット、コースター、チャイナ・プレート（陶磁器類）、トランプ、プラッシュ・マウンティー・アニマル（熊とかビーバーといったカナダ生息の動物がマウンティーの制服を着た物）、ポスト・カード、ポスター、スプーン、スポーツアクセサリー、文具類、お茶とお菓子、おもちゃ、ビデオテープ、ベルトといった物を販売しているスカーレット＆ゴールド・ギフト・ショップがある。

　またすぐそばには、マウンティーズの歴史を展示した本物の博物館とマウンティー関係の作品を上映するミニ劇場（映画館）と案内所がある。私はここで、この博物館を訪れるために、訪加する前から手紙で二、三回文通していた女性秘書ウエンディー・クラウシャウアーさん（Mrs.Wendy Kraushaar）を、呼び出してもらった。彼女は、やさしそうな明るい笑顔で、"How do you do?" と "Nice to meet you" と言い合った。私が日本から持参した木製のコケシ人形を渡すと彼女は、"Thank you very much" と言って、とても喜んだ。名字が、ドイツ風だったので、「ドイツ系カナダ人ですか？」と聞くと彼女は、「主人はドイツ系なのですが、私にはイングランドとアイルランドの血が流れています」という。

　1871年から1981年にかけてのカナダの民族構成には、「自分はカナダ人である」と先祖に囚われていないカナダ人という民族

は存在しなかったのだが、1996年の国勢調査では、全体の三割近くをしめだしのを皮切りに、そして2001年には、全体の3分の1を突破している。彼女一家、要するに北西ヨーロッパ系同志の血が混ざり合ったるつぼの子孫たちの大半は、きっと「自分はカナダ人である」というに違いない。少なくとも私自身は、次の国勢調査（1996年から10年ないし15年後）には、前述した先祖に囚われていないカナダ人という民族の比率や人口はもっと増えると見ている。

・アカデミー見学ツアー

　11時よりウエンディーさんのすすめで、アカデミー見学ツアーに参加した。ここは博物館ばかりでなく新人研修の場でもあり、1873年の設立から1920年に本部が首都オタワに移されるまでは、本部であった所であり、現在でも西部カナダの総司令部でもある。

　赤のジャケットと紺のズボンとクリーム色のキャップといった色の組みあわせは、前述したとおりだが、誰が見ても見るからに19世紀の衣装を着たマウンティーのガイドの案内で、この時にツアーに参加した約20名の中で、日本人は私一人であったが、中国系の父と娘二人の親子三人がいてなんとなく親近感が感じられた。最初に入ったのは白い外壁と赤い屋根のチャペル（木造教会）であった。

　このチャペルは、レジャイナに現存する最古の建物で、1883年に完成していて、元々はマウンティーの食堂並びに酒場であ

ったのだが、1895年にチャペルに改造されたのである。

　内部は、壁全体も木製であり、中央に十字架が置かれ、向かって左側には鉄砲をブーツにかけたのと右側にはラッパを吹いているそれぞれのマウンティーにおけるステンドグラスの肖像画が、飾られている。

　また左側のマウンティーの所には、カナダ国旗、右側にはマウンティー旗が掲げられ、そして左右の壁には、それぞれ五個ずつ、イエス・キリストの肖像画といったキリスト関係のステンドグラスの絵画、また中央と出入口の壁には、イギリス国旗、マウンティー旗が掲げられていて、ここでもイギリス連邦の構成国を感じさせる。私見では、アングリカン・チャーチ（英国国教会）風だが、他のプロテスタントやカトリックといった多くのキリスト教の宗派も参拝できて、マウンティーの心のより所になっている。

　次に案内してもらったのは、体育館内でのマウンティー新人の行進風景だった。内部にはカナダの各州旗やマウンティー旗が、天井に吊るされていて、気合のこもった教官の号令で、約50名ほどの中で、約二割が女性である新人の練習風景は、黒の真ん中に黄色の線の入った乗馬ズボンと長い黒の乗馬ブーツ、そして灰色っぽい白の半袖のシャツに、ズボンと同じ黒に黄色の線の入った帽子は、軍隊それも青年将校を養成する士官学校的雰囲気が、感じられた。

　その次は、犯人逮捕や正当防衛といった格闘シーンで、これも約50名ほどの中に女性が約二割といった感じだが、男性と女

性がペアでの格闘的練習も披露していた。またこの時は、誰も練習していなかったが、反対側には屋内プールがあって、おぼれた人のための救助練習場である。ロマンチックなマウンティーによる約50分のツアーは、こうして終了した。

・中庭とパレード

　広々とした中庭には、緑の芝生の中央には、カナダ国旗が掲げられているポールがあり、向かって左側には、茶色の花の中に白い花で、設立された年を表す1873の花文字と、右側にも同じく茶色の花の中に白い花での2001（私が訪れた年）の花文字が描かれていて、実に絵になる花壇である。

　それと下の部分には、FOR THE TRUMPET SHALL SOUND（トランペットを鳴らしなさい）と大文字で大きく彫られた、マウンティーの殉職者の氏名を刻んだ慰霊碑があり、この左右にはマウンティーの紋章を刻んだ碑が二つ建立されている。ここを通ったマウンティーは、絶対といっていいほどこの慰霊碑に敬礼をしていた。

　その他（私の見る限りでは）19世紀当時に使われていた大砲やかつての空軍部門に使われていたプロペラ機や雪上車も展示されていた。

　12時50分に、中庭でマウンティーのパレードが開始された。外側が黄色で黒いタスキを付け、長さにして１メートルはある指揮棒を持った指揮官のリードで、大太鼓、中太鼓、小太鼓、リラ、トロンボーン、トランペットといった金管楽器を持った

　約20名の鼓笛隊の先導に、その後に男女のマウンティーズ二人が乗馬行進し、約50名のマウンティーズが、それに引き続いてリズミカルに行進する。全体にして、約70名ほどの中で約二割が女性マウンティーズである。

　隊員の制服は、ほとんどが灰色っぽい白の半袖のシャツと黒に黄色の線の入った帽子に統一されていて、ズボンは黒に真ん中に黄色い線の入った乗馬ズボンと茶色の乗馬ブーツ姿と紺のズボンと黒のシューズの隊員が、大体半々の割合であった。ただ例外的に、黒のシャツとズボンに、黒の真ん中に赤い線の入った帽子の隊員などを二、三名見かけたが、それでもチームの和に、文句なしに融け込んでいた。

　音楽はマウンティーズ独自の楽曲があり、私見では、米軍の行進曲と比較すると国民性を反映してか全体的に、騒々しくなく曲も見物客も、謙虚な感じだ。時間にして約25分だったが、行進終了後の大拍手と前述した乗馬姿の男女二人のマウンティーズに、見物客の大人から子供たちまでが、近寄っていたのが印象的だった。マウンティーは、カナダ人に幅広く愛されているのを、何となく実感した。

・ 博物館内部

　パレード終了後、13時30分より博物館を見物した。内部の入口にはバッファローの写真を中央に、そしてその上に王冠があり、赤いジャケットに黒いパンツで正装し、乗馬姿のマウンティーズの写真に、「ようこそＲＣＭＰ百周年博物館へ」と英仏二

カ国後で書かれたパネルがあって、(英語ではWelcome to the RCMP Centennial Museum) この博物館は、RCMPの創立100年を記念して、1973年にオープンしたもので、マウンティーの歴史上、関わりのあった主な事件、シッティング・ブル(1876年、アメリカのカスター将軍が率いる第七騎兵隊による大虐殺から逃れてきた約5000人のインディアン部族、スー族の酋長)や北西部の反乱、ゴールドラッシュなどに使われた物の説明や展示がされている。

RCMP(王立カナダ騎馬警察)の前身は、1873年に創立され、当時は北西騎馬警察NWMP(North West Mounted Police)といって、その当時から使われていた制服、兵器や19世紀当時のマウンティーのろう人形や書斎、大砲やトロッコなどが展示されている。また歴代の警視総監の写真や肖像画、なかでも上の写真と比較すれば、大きく描かれている四人の警視総監の肖像画には、赤い制服の左胸の部分には勲章も描かれているので、見るからにサー(卿)の称号が与えられている貫禄である。

その他、創立から現在に至るまでのマウンティーの歴史が展示されている中で、加奈陀柔道大会優勝青年組と日本語で書かれた、1937年当時の縦長の優勝旗が、印象的であった。何とマウンティーの中には、戦前から柔道を習得していた人々がいたとは。

また北西部の反乱やゴールドラッシュなどには、タダでさえ寒冷地帯のカナダなのに、もっと飛躍的に寒い地帯の所に、使用されていた防寒服、北極まわりにも使われた船の模型、名馬

の剥製、女性マウンティーの制服の展示と写真、なかでも写真には、実に美人マウンティーズがモデルとして使われていた。

　さらに、上級幹部のパーティ用ドレスやプロペラ機の一部などの展示があって、ＲＣＭＰの歴史の紹介と共に、実に在郷軍人会の博物館的要素があった。

　その後で、隣接するミニシアターで、マウンティーの活躍を描いた上映物を見て、スカーレット＆ゴールド・ギフト・ショップで、マウンティー・グッズの買い物をした。この日のＲＣＭＰ博物館の日本人見物客は、私一人であったが、当日の見物客の中に、日本で英会話の教師をしたことのある長身（190センチぐらいで金髪、青い目）のカナダ人に、日本語で話しかけられて、かつ通訳もしてもらったので、買い物もスムーズにいった。

　この博物館内には、レストランも軽食堂もないが、酒類を除くドリンクやスナック菓子の自動販売機があるので、まともな食事のようにはいかなくとも、腹がへった時のちょっとした栄養補給にはなる。事実私もこれを、利用した。

　この施設の正式名称は、ＲＣＭＰトレーニング・アカデミー＆センテニアル博物館（The Royal Canadian Mounted Police Training Academy & Centennial Museum）　で、レジャイナ市の西側4キロほどにあり、警察隊員養成学校と博物館を兼ね備え、現在マウンティー（警官）として就職したすべての新人は、このセンターで基本コースを学び、訓練を受けた後、カナダ各地へ派遣される。ここは、前述した州議事堂と共にサスカチュワン州の州都レジャイナの官僚的観光名所である。

レジャイナの中心部(州議事堂)から
RCMP博物館への行き方
州議事堂からタクシーで約10分

RCMP博物館の概略
1873年発足の赤いジャケット(チュニック)が、トレード・マークのカナダのシンボル、王立カナダ騎馬警察とレジャイナの歴史を展示している博物館。また同じ敷地内に、将来の幹部候補生のトレーニング・センターも置かれている。なお7月〜8月中旬の火曜にはイギリス軍隊式の行進をするサンセット・セレモニーも見物できる。

RCMP Museum
PO Box 6500
Regina, Saskatchewan S4P 3J7
TEL (306) 780-5558 or (306) 780-5838
FAX (306) 780-6349

(夏) 6月1日〜9月15日、8:00〜18:45
(注) サンセットセレモニー開催日は〜20:45
(冬) 9月16日〜5月31日、10:00〜16:45
無休、無料(寄付金)平日午後12時45分から行われる演習パレードが華やかで必見。
(注) 年度によっては、夏冬の境界日付近は、若干開業時間が逆になることもあるので、問い合わせること(2005年時点)。

　15時30分に、タクシーで宿泊先のデイズ・インに戻り、18時にまたタクシーを呼んで、地元の名物レストラン「タンブリーズ・コンテンポラリー・クイジーヌ」で、ステーキの夕食をした。20時に、またタクシーを呼び宿泊先に戻った。ただタクシーの点で印象に残ったのは、インド系、ハンガリー系、アングロサクソン系、ウクライナ系といった具合に、さまざまな民族のドライバーに出会い、広大な国土に人口の少ないカナダでもレジャイナは、大都市の内には入らないが、実にコスモポリタンな印象が感じられた。

　翌朝（8月22日）は、6時にモーニング・コールをかけてもらい、6時30分には、タクシーで、デイズ・インを出てレジャイナ空港に向かった。ただこの空港は、二日前の夕方に着いた時とは違い、空港内は、サスカチュワン州の州都とはいえ、のどかで人口約20万人の都市の空港とは感じさせないほど、空港内のレストラン、売店は7時前とはいえ乗客で活気がにぎわっていて、悪く言えばカナダ人は、日本人や都会のアメリカ人と比較すればのんびりしていると言われるが、レジャイナ空港内ではのんびりムードは全く感じられなかった。

　またレジャイナ空港には、トロントやバンクーバーのような国際空港の名称こそないが、ノースウエスト航空によるアメリカ・ミネソタ州の双子都市ミネアポリス・セントポール往来の直行便もあって、その点では、まさしく国際空港でもある。8時30分、レジャイナ発ＡＣ8495便は、9時50分、バンクーバー国際空港に無事着いた。（レジャイナ時間、10時50分）

―レジャイナの名所一覧図―

(1) Legislative Building(州議事堂)
(2) Mac Kenzie Art Galley(マッケンジー博物館)
(3) Saskatchewan Centre of the Arts(サスカチュワン芸術センター)
(4) Wascana Centre(ワスカナ・センター)
(5) Royal Saskatchewan Museum(ロイヤル・サスカチュワン博物館)
(6) Regina's Market Place(レジャイナ・マーケット・プレイス)
(7) Casino Regina(カジノ・レジャイナ)
(8) Antique Mall(アンティーク・モール)
(9) Regina Airport(レジャイナ空港)
(10) RCMP Museum(ＲＣＭＰ博物館)

バンクーバー編

・再びバンクーバーへ、まさに英国とアジアの混合文化

　8月22日、9時50分に到着したＡＣ8495便から降り立った私が、強烈な印象を残したのは、この時期のバンクーバー国際空港は、地元のバンクーバーばかりでなくカナディアン・ロッキーがらみの日本人観光客に加えて、ＢＣ（ブリティッシュ・コロンビア）州の州都ビクトリアも含む中・高・大学生の語学研修やホームステイなどで、わき返るので、日本人の割合が高いことに加え、前述したが二日前の入国審査から国内線への乗り換え時でもかなり目についた中国系が、市内へ入るために移動し出す

→世界最初の北米大陸一周という大偉業を成し遂げた、セント・ロック号本体の一部。
バンクーバー海洋博物館

←イングリッシュ・ベイとバンクーバー中心部の高層ビル。
バンクーバー

とさらに目立ち出す。

　彼らは、1997年の中国返還時の香港からの移住者たちで、中国系香港人（ホンコン・チャイニーズ）移民の増大に因んで、バンクーバーのニックネームは、ホンクーバーと言われるほどである。

　中国系移民の歴史は、歴史の浅いカナダとしては、かなり古く1858年に、ＢＣ州のフレーザー川で金が見つかるとアメリカ・カリフォルニア州にいた中国系がＢＣ州へ移って来たことにさかのぼる。

　そして19世紀末のカナダ太平洋鉄道の建設に参加した数千の中国人の子孫が、今では10万人以上になっていて、今日バンクーバーには、アメリカ・サンフランシスコに次ぐ北米第二の中国人コミュニティ（チャイナタウン）がある。

　だが、飛躍的な増加の原点は、19世紀の中国移民の子沢山が原因による子孫ではなく、1997年の香港における中国返還が近づいた時の大量のホンコン・チャイニーズがカナダへ移住したことにあり、20年以上も前から1997年までにかけての最近までの家族ぐるみの移住に加え、親族もいもづる式に呼び寄せたことにある。

　要するにホンコン・チャイニーズの十代には、カナダ生まれの二世ばかりではなく、親子連れで移住して来た一世の割合も低くはないのである。まさに、「ホンクーバーは一日にしてならず」である。

　またホンコン・チャイニーズは、前述した19世紀末の太平洋

鉄道の建設工事に従事したような苦力（クーリー）といったような貧しい労働者階級ではなく、香港在住時から実業家や高等教育を受けた専門職も少なくないので、いうなれば、かなりの資産を持ったブルジョア移民なので、19世紀の中国人移民のように、チャイナタウンには住まず、移住当初からウエスト・バンクーバーにあるブリティッシュ・プロパティといったゆるぎないアングロ・カナディアン調の外観を備えている高級住宅地への定住者も目立つ。

　そのせいか、漢字の文字による店の看板は、チャイナタウンばかりか、上層中流階級区域でも目立つ。例えば、私自身もタクシーからでも中国系が経営者だとわかるような漢字による店の看板のスーパー・マーケットや不動産も見かけた。また、私も食事した各種の賞を受賞していて香港の飲茶が味わえる「麒麟川菜館（キリンマンダリン・レストラン）」もロブソン通りのそばにあった。

　それと中国系以外でも実に目立つのは、インド系である。再びバンクーバー国際空港に着いてから、タクシーで私の泊った市内中心部の「セント・レジス・ホテル」までの利用に始まり、バンクーバーには三泊し、タクシーも十回利用したが、何と八回がインド系のドライバーであった。

　またバンクーバーは、カナダ西部一の大都会なので、当然ながら市内中心部はタクシーが実に多いが、私が利用しなかった他のタクシーでもインド系が実に目立った。また、ターバンを着けようと着けまいと大半がシーク教徒で、カナダ生まれのイ

ンド系カナダ人ではなく、バンジャブ地方出身の一世であった。

バンクーバーにおいて、経済的成功者の点では、インド系はホンコン・チャイニーズを中心とする中国系の陰に隠れてはいるが、インド系の商人を印僑ともいい、ユダヤ人、華僑（中国系商人）と並び世界の三大商業民族であり、ステレオタイプでは、欧米で活躍し頭でかせぐユダヤ人、東南アジアで活躍し足でかせぐ華僑、アフリカで活躍し口でかせぐ印僑である。

もっと深く突っ込めば、華僑顔負けのインド系ブルジョアも見かけるに違いない。事実日系人、中国系、インド系といったアジア系は、バンクーバーを中心とするこれまでのＢＣ州の経済的・文化的活性化に大きく貢献しているのである。

それとアングロサクソンを中心とするヨーロッパ系のカナダ人にとっては、日系も中国系も同じように写るらしく、バンクーバー滞在中は、ウオーターフロントセンター・ホテルの隣りにあり、海の眺めも楽しめる市内唯一の日本料理店「柿右エ門」カナダ最初の和風ステーキハウス「ステーキ＆シーフードハウス神戸」で、夕食をしたがウエートレスや客の前でクッキング・ショーを披露する調理人は、中国系であったが、地元のヨーロッパ系カナダ人たちは、日本情緒を楽しんでいる様子だった。

バンクーバー滞在二日目の午後に、現地の日本系旅行社のツアーで、スタンレー・パーク、クイーン・エリザベス・パーク、グランビル・アイランド、ライオンズ・ゲート・ブリッジ、イングリッシュ・ベイ、チャイナタウン、ガスタウンといった名

所の半日市内観光をした。

　これらを紹介すれば、スタンレー・パークは、1888年にカナダの総督であったスタンレー卿に因んでつけられ、イングリッシュ・ベイとバラード入江に囲まれた広大な公園で、トーテムポールとバラード入江をバックにしたバンクーバー中心部の高層ビル群が、最も絵になる光景である。

　そこから小型バスで、ナインオクロックガン、少女像を通過したが、案内してくれた日本人ガイドによると、ナインオクロックガンは、公園の東側に位置する大砲で、1890年に設置されたもので、本来は毎晩9時になるとドンッという音で知らせなければならないのだが、大体が定刻通りにならずに、2，3分遅れが日常茶飯事だという。

　次に見た少女像は、デンマークの人魚姫に実に似ていて、浅瀬になった時には、その像にビキニの胸部をかぶせるかわいらしいイタズラがあるという。

　ライオンズ・ゲート・ブリッジは、1938年設立で、ギネス・ブックで有名な英国のギネス社が、高級住宅地開発のために架けた橋で、スタンレー・パークのあるウエスト・バンクーバーとノース・バンクーバーを結ぶ橋で、アメリカ・サンフランシスコのゴールデン・ゲート・ブリッジに似ていると言われている。また耐久年数を既に超えているので、架け替え工事も討議されているが、2001年時点では、実現されていなかった。

　クイーン・エリザベス・パークの名の由来は、1940年に、英王室のエリザベス王妃のバンクーバー市訪問を記念したことに

よる。市南部の高台にあり四季折々の花が咲き誇っていて、詳しく観察した訳ではないが、日本でも見かける植物もあり、私見では公園の造りは西洋的なようで、東洋的な雰囲気も感じられた。

　グランビル・アイランドは、元々1950年代に各種工業の工場移転に伴って廃墟と化してしまった島を、新都市政策によって70年代に入って観光島化する計画をもちあげて、大資本が投下されて、今やかつてのさびれた島がマーケット、売店、レストランといった観光スポット化している。またスタンレー・パークよりも、市内中心部に位置するせいか、フォリス・クリークとグランビル橋付近からは、高層ビル群が目の前のように見えて、スタンレー・パークから見えるビル群とはまた違った意味で、絵になる光景である。

　チャイナタウンは、北米ではアメリカのサンフランシスコに次いで、二番目に大きな中国人街で、バンクーバー市民の約10%を占める中国系移民の集うこの界隈は、いつもすごい活気でみなぎっている。車窓とはいえ、道路や歩道の道幅は、横浜の中華街の倍ほどあり、例え中華祭でにぎわっていても、横浜のようには、ゴミゴミしさは感じられない。ここでも島国日本と北米大陸カナダのスケールの違いを、実に感じさせる。

　そして、このツアーの最後の方はバンクーバー発祥の地で、元々製材所であった所を、スコットランド移民であったキャプテン・ジョン・デイトンが、宿とバーの経営を始めて、また雄弁家で、かつ町づくりをする実行力もあったのが元で、ギャッ

シー・ジャック（おしゃべりジャック）の愛称を持ち、彼のニック・ネームからガスタウンといわれて、今日でも19世紀の面影を残している石畳通りの名所を見た。

　この通り一帯は、ギャッシー・ジャックの銅像と世界で三つしかないといわれている蒸気時計（2001年当時）が名物で、なかでも蒸気時計は、ダウンタウンの中にボイラーがあって、蒸気が地下を通して15分おきに時計に送って演奏をしている。また骨董品を中心とするアンティークの土産物屋やレストランが集まっている。

　そして最後は、元々大陸横断鉄道の終着駅であり、現在は市バス、フェリー、モノレールであるスカイトレーンの発着場になっていて、市の重要文化財に指定されていてレンガ造りのウォーターフロント駅、1986年のバンクーバー万博のカナダ館をそのまま使っている総合国際会議場であるカナダ・プレースを通って、このツアーは終了した。これらの名所はチャイナタウンを除けば、創立者はネーミングだけでも英国起源であることがうかがえる。

　また州都ビクトリアのあるバンクーバー島も含むバンクーバー一帯は、ジョン・ブルの西征の地であり、アングロサクソンの植民地化政策は、日本を支配化におくことができず、東征は香港まで、西征はバンクーバー島までで終わったので、七つの海こそ支配したが、環地球制覇は達成できなかったので、アングロサクソンのミスター・ジョン・ブルにとっては、「残念」の二文字の地でもあるのである。

・バンクーバーのプロフィールと日本との関係

　このテーマの最後にバンクーバーのプロフィールと日本との関係を述べれば、まず、バンクーバー市の人口は、現在約60万人（郊外も含めると約200万人）で、この市の始まりは1792年に英国のキャプテン・ジョージ・バンクーバーが、オリエントへの「海の道」を求めて、この周辺を探検したことに由来する。

　市の名は、最初の探検家キャプテン・バンクーバーに因んでいる。本格的な定住が始まったのは、毛皮交易のための砦を築いた1827年以降で、さらに1858年にフレーザー川の上流で金鉱が発見されたこと、1886年に大陸横断鉄道が開通したことで、バンクーバーは都市そしてカナダの西の玄関口として発展しはじめた。

　もともと英国色が強かったが、アジアに最も近い都市だけにアジアからの移民も非常に多くて、コスモポリタンなトロント、モントリオールに次ぐカナダ第三の都市として、今日に至っている。

　そして日本との関係においては、バンクーバー市と横浜市は、貿易港湾都市という共通点に付け加えて、日加間の姉妹都市であり、ことのいきさつは、1960年代、日加間の経済文化交流の著しい発展を反映して、バンクーバー市民、特に日系カナダ人から、横浜市との姉妹都市提携についての強い要望が起こり、1964年のバンクーバー市長の来浜を契機として具体化し、1965年7月1日のカナダ独立記念日に姉妹都市が成立したのである。

因みに、1995年10月には、横浜・バンクーバー姉妹中華街も締結となって今日に至っている。

・セント・ロック号、海でも活躍したマウンティーズ

　バンクーバー滞在の三日目（8月24日）の午前11時に、日本の姉妹都市、横浜でいうなれば、東京湾にあたるイングリッシュ・ベイの南岸に臨む博物館「バンクーバー海洋博物館」を見物に向かった。

　宿泊先のセント・レジスホテルで、トースト、マフィン、コーヒー、ジュース中心のシンプルな朝食をする。このホテルは、市内中心部にあるので、レジャイナのデイズ・インと比較すれば、モーテルではないが、値段が経済的でこの朝食以外にはレストランがない点では、共通している。

　高さにして、六階で一流ホテルとはいえないが、横浜市内でいうなれば、中区の関内や桜木町にあたるような場所なので、別のビルや場所といえども徒歩でレストランやショッピングも出来て、アメリカ同様カナダも自動車がゲタのような国だが、この近辺で手早くすませられる食事や買い物には、自動車やタクシーをゲタにする必要はない。

　11時に、ホテルのフロントでタクシーを手配してもらい、バンクーバー中心部を走り抜けた。前述したが、ここのタクシー・ドライバーは、余りにもインド系ばかりなので、タクシーに関しては、まるでインドにいるような気分である。プラス志向を味わうならば、マハラジャ気分にもなれる。

11時20分に、タクシーはバンクーバー海洋博物館に到着した。これまで述べた内容では、19世紀末にサスカチュワン州の大平原治安維持のために、1873年にレジャイナで創設されたのが、ルーツで、大平原や陸地での活躍が圧倒的なマウンティーズだが、海でもＲＣＭＰ史ばかりか世界史にも残ることに、匹敵する活躍もしていたのである。それが、世界最初の北米大陸一周を成し遂げた船「セント・ロック号」を、この博物館に展示しているのである。

　年齢こそ中年だが、プラチナ・ブロンドの髪をもち見るからに人当たりのよさそうなスカンジナビア系美人の受付係が、微笑んで迎えてくれた。

　この船のプロフィールを紹介すると、正式名は、ＲＣＭＰ（王立カナダ騎馬警察隊）巡回・補給船「セント・ロック」号といい、全長31.6m、幅7.6m、きっすい3.4m、総トン数323トンで、使用期間は、1928年から1954年まで27年間使われ、出力は1928年から1944年まで、150馬力ディーゼルエンジン及び帆、1944年から1954年まで、300馬力ディーゼルエンジン及び帆が使われていた。

　セント・ロック号の使用目的は、1928年、バンクーバーで建造され、西部北極圏地方の何ヵ所かに駐屯するＲＣＭＰ特別部隊のために補給物資を満載して、バンクーバーを出港していた。巡回、補給場所が北極であるため、本船はしばしば凍結した海に閉ざされて、北極圏で越冬していた。

　乗組員たちは、犬ゾリに乗り、周囲の居住地を巡回しながら、

十ヶ月以上も続く長い冬を過ごしていた。また乗組員の任務は、カナダの北極地方の原住民であるイヌイットの争い事の解決及び人口調査も含んでいた。

　さて本船の功績には、1940年にカナダが第二次世界大戦に巻き込まれていた時（カナダは前年に参戦）、カナダ政府は自国の統治権を確立するため、本船を北極圏に送り出した。時の船長ヘンリー・ラーセン巡査部長は、1928年以来本船の指揮を取っていたが、この時太平洋岸のＢＣ州バンクーバーから大西洋岸のノバ・スコシア州ハリファックスまで北西航路経由での航海を命じられた。

　この航海には、なんと27ヶ月（2年3ヶ月）もかかり、凍結した海に閉ざされて、二度も越冬しなければならなかった。またこの航海で、八人の乗組員の中で一人が、心臓発作でなくなっている。ハリファックスでは、本船のさまざまな部分が改造され、1944年の新しい300馬力ディーゼルエンジンの取り付けもその一つであった。そして本船は再度北西航路経由で、帰りはさらに北寄りのルートを取り、同年の夏にバンクーバーに帰港した。帰路では、11人の乗組員がたった三ヶ月たらず（86日間）で、11,672ｋｍの航海を達成した。

　本船は一夏の航海で、北西航路を通過することに成功した最初の船であり、また北西航路を往復した最初の船でもある。そして、この往復の航海に参加した乗組員たちはその北極探検の貢献に対し、時のイギリス国王ジョージ六世からポーラー（極地）勲章を受賞している。

その後、本船は、1948年までＲＣＭＰの巡回、補給船として西部北極圏地方で活躍し、さらに、1950年にはパナマ運河を通過し、ハリファックスに移送された。この航海により、北米大陸（通常のカナダ、アメリカばかりでなくメキシコからパナマまでの中央アメリカも含む）を、世界最初に、一周した歴史的名誉のある船となった。

　本船は、1954年に就役を解かれ、バンクーバー市が購入して、そして再びパナマ運河を通過して、バンクーバーに戻って来た。1958年、本船は、現在の位置に曳航され、乾ドック入りした。

　そして1962年に、国の文化財に指定され、1966年には、本船を保護するためのシェルターが建てられ、さらにカナダ公園局が、1970年から1974年まで足掛け5年の歳月を費やし、本船を1944年9月4日当時の姿に復元し、今日に至っている。

　このセント・ロック号を見物するには、30分ごとに行われる約20分のガイド・ツアーに参加することが義務づけられているので、私も20分のツアーに参加し、船体の外観は、Ｒ・Ｃ・Ｍ・ＰＯＬＩＣＥ　ＳＴ・ＲＯＣＨ　ＯＴＴＡＷＡと書かれた黒文字や水平に黒く塗られた中央線などを除けば、全体的に白で統一されている。また船体は、7ｃｍもの厚さのダグラスモミの厚板で作られていて、さらにその上を、4ｃｍの厚さのオーストラリア産ユーカリ材で覆っているのは、軟らかいモミ材をノコギリのような北極圏での鋭い氷から守るために、使われていたからである。

　船内に、置かれているマウンティーのトレード・マークであ

る赤い上着と中央に黄色い線の入った黒の乗馬ズボンに、茶色のブーツ姿の人形は、帽子がマウンティー・イメージのあるカウボーイ・ハット的ではなく帽子が、軍隊の将校帽的なので、警察というよりは、まるで軍隊の将校のように見える。

　さらに、北極や南極探検にも生息できるシベリア犬といった犬や捕獲されたセイウチのはく製などは、実に北極的雰囲気が感じられる。それと前述したヘンリー・ラーセン巡査部長の絵画や乗組員の写真パネル、航海当時に使われていた乗組員の寝室などは、歴史的現実味が感じられる。

　その他、この博物館には、セント・ロック号以外にも昔の漁船や帆船、船具、ユニフォームなどの展示もある。ここは、日本人向けのバンクーバー市内の観光コースには、余り入ってないせいか、私自身が見学した時は、日本人は全く見かけられず、見物客の大半はヨーロッパ系のカナダ人が占めていた。

バンクーバーの中心部（ダウンタウン）から海洋博物館への行き方
ダウンタウンからタクシーで約20分

バンクーバー海洋博物館の概略
イングリッシュ・ベイに面していて、バンクーバーとＢＣ州の歴史を海との関わりをテーマとした博物館で、世界史上初の北米大陸一周を達成した王立カナダ騎馬警察のスクーナー船セント・ロック号が展示されている。

バンクーバー海洋博物館の連絡先
Vancouver Maritime Museum
1905 Ogden Ave. Vancouver, BC（British Columbia）, V6JIA3
TEL （604）257-8300
FAX （604）737-2621

月〜土、10：00〜17：00、日、12：00〜17：00、冬期（9月上旬〜ビクトリアデイ、5月第4月曜日）の月曜休み、大人C＄8、子供C＄5.5

13時に、この博物館を出て、タクシーでバンクーバー市内ダウンタウンの南にある入江、フォルスクリークの桟橋に建てられた二階建てのレストラン「マクィーンズ・アップステアーズ」で、シーフード主体のノースウエスト料理の昼食を取った。
　このレストランは、大手のガイドブックのレストラン部門には、あまり掲載されていないので、多くの日本人にはまだなじみがないが、対岸にはダウンタウンとノースショアの山並みの眺めが美しいのが特徴である。事実、ここから撮ったダウンタウンの高層ビル群の写真は、スタンレー・パークやグランビル・アイランドからでも顔負けなほど、きれいに絵になるように撮れた。

　15時に、当日の目当てであるＰＮＥ（Pacific National Exhibition パシフィック・ナショナル・エキスハイビション）に到着した。ここは、横浜でいうみなと未来21にあたるような遊園地で入場料は、大人8カナダドル、子供6カナダドルであった。（2001年当時）
　この日のマウンティーズ名物ＲＣＭＰミュージカル・ライドは、園内のアストロ・ドームで16時と20時の二回行われ、私は二回とも見物した。当日行われたミュージカル・ライドの前の馬術ショーや乗馬ショーは、閑古鳥が鳴くような状態だったのに対し、ミュージカル・ライドとなると場内は、超満員状態となった。正にマウンティーズの国民的英雄ぶりが、感じられた。
　ミュージカル・ライド終了後、ミュージカル・ライド部隊の

ケン・マクラーン隊長（Inspector. Ken Mac Lean）の所に行き、レジャイナのＲＣＭＰ博物館で渡したのと同じ木製のコケシ人形を渡すと、マクラーン隊長は、"Thank you , very much"と喜びの表情を表して、記念撮影に応じてくれた。

　なおミュージカル・ライドについての内容は、首都オタワでのサンセット・セレモニーの項目で詳述し、バンクーバーと7月1日のパーラメント・ヒル（国会議事堂）で行われた違いについては、日本での行事の例えで説明する。

　当日の夕食は、18時にＰＮＥ内にあるファスト・フードの出店で済ませていたので、21時にタクシーを拾って、セント・レジス・ホテルに直行した。翌8月25日、13時30分バンクーバー発のＡＣ3003便で帰国した。（成田着8月26日（日）、15時15分）

　この日のバンクーバー国際空港は、8月の最終土曜日だけに、ビクトリアも含むバンクーバー、カナディアン・ロッキー方面の家族連れの観光客ばかりでなく、バンクーバーを中心としたカナダ西部のホームステイ、語学研修の学生でごった返し、カナダの航空会社といえども乗客の子供から大人までの約90％は、日本人であった。

　その中でもバンクーバーでのホームステイを終えて、金髪で青い目の幼児、小学生の兄妹と共に一人の日本人女子大生が、笑顔でカナダ人一家と記念撮影をした後、彼女とカナダ人一家が共に泣き出したのが印象的だった。彼女としては、もっとカナダにいたいのだし、カナダ人一家とて、もっと彼女にいてもらいたいことは、明らかだった。まさに、センチメンタル・ホ

ームステイであった。

　この時期のエアー・カナダ航空のバンクーバー発日本行きの便は、カナダ人乗客よりも日本人乗客の方が、文句なしにお得意さんである。

私のマウンティー見聞録
カナダ東部（オタワ）編

トロントを拠点とした
オタワ・マウンティー・イベントの旅

・トロント到着

　前日（2002年6月28日）、17時15分成田国際空港発のＡＣ002便は、同日トロント時間16時30分（日本時間は、29日午前5時30分）に、トロント・レスター・Ｂ・ピアソン国際空港に到着した。

　この時期は、まだ日本では、学生たちの授業期間なだけに、夏とはいえ、ホームステイ、語学研修が目的の中学生から大学生までの学生層は、全く見られないようで、カナダ、アメリカなどが進出している大学の日本分校は、現地の体制、要するに6月より夏休みに合わせているためか、これらに通っている4，5人の日本人大学生やそこに勤務しているカナダ人教授（師）も目につく。

　事実私自身の隣りの席は、50代のドイツ系カナダ人教師であった。彼は、数年間既に、日本に住み着いているためか、当然片言の日本語を交えながら飛行時間中は、話し合った。彼は、日本の国技、相撲が大好きなのに対し、私は昨年（2001年）既に見てはいるが、マウンティーズの訓練やミュージカル・ライ

←頭をどのビルよりも雲に近づけているＣＮタワー。前方のアメリカ企業を見下ろしているのは、独立国カナダの誇りが感じられる。
トロント

→カナダ、イギリス国旗とオンタリオ州旗が掲げられているオンタリオ州議事堂。国会議事堂顔負けの貫禄を漂わせている。
トロント

←オンタリオ州議事堂におけるカナダ初代首相マクドナルドの銅像。
トロント

→オンタリオ州議事堂における大英帝国皇帝ビクトリア女王の銅像。
トロント

ドが余りにも素晴らしかったので、そのことを話すと「カナダが、世界に誇るとても素晴らしい模範的国民ですよ」と答えてくれた。

　ほぼ定刻通りのトロント時間の16時30分に、ターミナル1到着（アメリカでは、ニューヨークのある東部時間と同じである。）し、入国審査を終えると、2日後のオタワに向かうために、空港バスで出発場所のターミナル2に移動し、リコンファームをする。

　17時45分に、タクシーを拾って約30分かけて18時15分に、宿泊先の「トロント・コロニー・ホテル」に到着した。空港からホテルまでのトロントの町並みは、ほとんどがアメリカ車で右側通行、ニューヨーク、シカゴも顔負けの高層ビル街は、アメリカの風景と実によく似ているが、アメリカがマイル表示なのに対し、カナダはｋｍ表示で、到る所に赤いカエデのカナダ国旗が目立つのは、やはりカナダにいる証しである。

　さて私が泊ったトロント・コロニー・ホテルは、ランクこそ中堅ホテルではあるが、部屋数は717室で、トロント中心部に位置し、2,3人だがフロントとギフト・ショップには日本人スタッフもいるので、会話も日本語で用が足せて、とても便利である。私に与えられた25階の部屋からは、トロント名物の高層ビルも眺められて、気持ちがいい。

　19時30分より、タクシーで約5分の日本料理「鉄板焼きヤマト」で、クッキング・ダンスによるパフォーマンスを味わいながら、ライス、サラダ付きのディナーを、味わった。また当レストランのクッキング・ダンスをするコックは、日本人ばかりでなく、

中国、韓国、フィリピン、メキシコ系といった具合に、多様化しているが、ウエイトレスは、ワーキング・ホリデーに参加中の20代の女性が占めていて、日本語では十分に用が足せた。

　21時に、コロニー・ホテルに戻って、入浴したり、荷物整理をしながら、22時30分から23時まで、同ホテルの1階のバーで、カナディアン・ウイスキーのシングルを注文して、ジャズ・フェスティバルを見た。たまたま私のテーブルに、同席した20代のイタリア生まれの恋人同志が、何となくイタリア訛りのある英語を使いながら、明るく楽しんでいるのが印象的だった。二人とも、トロントのイタリア人街、コルソ・イタリアに住んでいるという。

　ちなみに、このバーのキャッチ・フレーズは、「毎日がSt.Patrick's Day」なので、明らかにアイリッシュ・バーである。23時15分に、旅の疲れこそあったが、気持ちよく就寝した。

・トロントを見て〜世界中の民族のモザイクだが、社会の芯はアングロサクソン〜

　6月29日、7時30分のモーニング・コールにて、起床する。朝風呂をして、窓から高層ビルの立ち並ぶトロント中心部を、眺める。前日も明るいうちに眺めたのだが、同じ風景とはいえ、やはりトロントでの最初の朝の景色は、とても新鮮だ。

　8時15分から9時まで、1階のレストランでカナディアン・ブレックファストを味わうが、食べ放題、飲み放題で、全くのアメリカン・ブレックファストと同じである。だが、紙製の砂糖袋

やミルクパックには、英仏語表示のカナダ製を極力アピールしているのは、やはりアメリカとは違う独立国としての誇りが感じられる。

10時に、1階のコロニー・ホテルのフロントで、トロントの日系旅行業者、Mさん（日本人）の案内で、トロント市内観光に出発する。当日の旅行者は、私一人であった。車は、6人乗りのフォードのライトバンである。

最初に案内してもらったのは、トロント新市庁舎と旧市庁舎であった。1965年に、フィンランド人建築家、ビルジュ・レベルの設計で、完成した新庁舎の特徴は、円盤上の議事堂を囲むようにカーブを描くふたつもタワーが向かい合っていて、完成以来約40年ほどの年月があるとはいえ、斬新な印象を、訪れる人々に与えている。ちなみに、これらを設計したビルジュ・レベル氏は、かのオーストラリア・シドニー名物のオペラ・ハウスも造った人物なのである。

さて旧市庁舎の方は、1899年完成のロマネスク風建築の外観をもち、外壁は灰色のクレディット川渓谷石（オンタリオ州西部）と彫刻を施したニュー・ブランズウイック州産の茶色の石が、見事に調和されている。またロマネスク風建築に加え、旧市庁舎の緑色の屋根と冬にはスケートリンクになる人工池とこれをまたいでいる三本のアーチは、実に絵になる光景である。

いうなれば、旧市庁舎はロマネスク風で重厚な建築に対し、新市庁舎は設立時には、実に超画期的なニューアートというアンバランスな対照形をしているのである。

次に訪れたのが、1827年創立で、学生数5万人を誇るカナダの名門大学のひとつであるトロント大学である。ここは、1921年に糖尿病の治療薬となったインシュリンが発見されたことでも有名で、日本と比べればずうっと歴史の浅いカナダではあるが、この大学はわが国の名門大学、東京大学や京都大学よりは歴史があり、校舎にもロマネスク建築やゴシック建築のカレッジも見られる。

　それと本来は、トロントの観光コースには組み込まれていなかったのだが、私自身の個人的要求で、民族のモザイク都市トロントにはイタリア系住民が50万人以上も住んでいると聞いていたので、有名なイタリア人街コルソ＊・イタリアに連れて行ってもらった。＊（コルソcorso　イタリア語で目ぬき通りを意味する）

　カナダのイタリア移民は、1800年代初期からの歴史があり、1812年の米英戦争では、カナダの奪取を狙ったアメリカに対して、イタリア移民はカナダのために戦った。さらに1880年代には、約6万人がカナダに移民し、オンタリオ州を中心に鉄道敷設、鉱夫、レンガ職人といったように、主に肉体労働者が中心だった。

　だが飛躍的な増加は、第二次大戦後で、トロントがすぐにイタリアからの大量の移民を受け入れたことによる。1950年代には、24万人以上のイタリア移民がカナダへ渡るなどして、1961年までに移住した数は、アングロサクソンとケルト人からなる英国に次いで、二番目を記録している。

　戦後のトロントにおいても、カナダ初の地下鉄建設といった

ように、どちらかといえば肉体労働が多かった一方で、現代トロントの象徴であるＣＮタワーのトップにある回転レストランをデザインしたのは、フランセスコとアルド・ピカルガの両イタリア系建築家といったように、頭脳面でも貢献しだしている。

　さて、コルソ・イタリアに入ってみると、本来はイタリア（古代ローマ）が原点である古典的なロマネスク様式といった建築物こそこれといって目立たなかったが、ＩＴＡＬＩＡＮ　ＰＩＺＺＡやＮＡＰＯＬＩ　ＦＡＭＩＬＹ　ＣＬＯＴＨＩＮＧといった看板のイタリア風丸出しのレストランや洋品店も目に付き、地元住民には黒髪、黒い目といった見るからにイタリア系住民といった人々も実によく目立ち、イタリアにも行けたような雰囲気が味わえた。

　また1982年のサッカー・ワールド・カップ大会でイタリア・チームが優勝した時、10万人以上の優勝祝賀行列がこの街を埋めつくしたのは、トロント・コルソ・イタリア史に残る出来事である。

　要するに、我々が横浜や神戸の中華街で、中国情緒を味わえたような気分のイタリア版が味わえるのである。そして現在のトロントには、前述したコルソ・イタリアのようなエスニック・タウン（異人街）が、80以上もあるといわれているのである。

　コルソ・イタリアの次に訪れたのが、市内北西部でトロント市街地を見下ろすディバンポートの丘の頂上にあり、ノルマン、ゴシック、ロマネスク建築を寄せ集めた壮大な中世のお城、カ

サ・ロマである。

　この城は、トロントの著名な財産家、実業家、軍人であった伝説的なカナダ人、ヘンリー・ペラット卿が、1911年に工事が開始され、総工費は、当時の金額で、350万ドルかかったという。

　豪奢な屋敷でもあり、かつ城のような大邸宅は、部屋数が98もあり、長さ244メートルに、地上から5.5メートルの地下トンネル、大理石造りの厩舎、ワインセラーも備えている。

　余りにも広大なので、全室や全体を見た訳ではないが、文句なしにヨーロッパなかでも英国風貴族を感じさせる豪奢で、クラシカルな家具、調度品類が、各部屋ごとに展示されていて、文句なしに貴族気分が味わえる。

　ただ建設費が莫大だったのに加え、第一次世界大戦とそれに引き続き起こった経済危機が、ペラット卿の拡大しすぎたビジネスに大打撃を与え、1924年に城を手放せざるをえない状態になってしまった。

　私自身も見たが、地下にある水のない水泳プールが、完全には出来あがらなかったプールとして、その当時を物語っているようだった。

　カサ・ロマの次に行ったのは、スパダイナ通り（Spadina Ave）沿いに、チャイナタウン経由で、オンタリオ湖のハーバーフロントにあり、オンタリオ湖が眺められる中国レストランで、13時に昼食をした。車窓ではあったが、チャイナタウンにおいては、中国語の看板、この街を行き交う人々は中国系といったように、まるで中国（香港）が引っ越してきたような雰囲

気が、見られた。

　昼食終了後、トロント中心部のやや北側にあるクイーンズ公園の中央に、堂々と建っているオンタリオ州議事堂に向かう。この議事堂は、1893年に完成したロマネスク様式の建築である。

　外観は、ピンクっぽい赤砂岩でできていて、出入口の上に位置するバルコニーには左右共に、左からオンタリオ州旗、カナダ国旗、イギリス国旗が並んでいて、また広大な庭には、カナダ初代首相、ジョン・A・マクドナルドや大英帝国のビクトリア女王といったカナダ建国に貢献のあった偉人の銅像が、建立されている。

　少なくともアメリカと比較した場合においては、治安がいいせいか、警備上の厳重さこそ余り感じられないが、カナダは連邦政府の民主議会制度をとり、オタワの中央政府と各州、準州の政府で成り立っている。オンタリオの首都（州都）トロントには、立法権のある州議会がおかれていて、州法という州独自の法律があるので、州はそれぞれ国みたいな感じである。

　2001年に私は、ＢＣ（ブリティッシュ・コロンビア）州バンクーバーを訪れたが、人口と経済こそＢＣ州第一の都会だが、州都はビクトリアにあるので、よって州議事堂はバンクーバーにはない。そのために、ＢＣ州の場合は地方分権なのに対し、オンタリオ州の場合は中央集権なので、もしカナダの首都オタワを訪れなければ、ある意味ではオンタリオ州議事堂は、国会議事堂のようにも見える。

　15時に、ＣＮタワー／スカイドームに着いて、そこでガイドの

Mさんと別れた。ＣＮとは、カナダ国鉄（Canadian National Railway）の頭文字をとってＣＮタワーと命名され、高さは553.3メートルありトロント全域を一望できる塔である。外観には、ＣＡＮＡＤＡの文字とカナダ国旗が、この文字の最初と最後に描かれている。

　世界一を吹聴したがるアメリカの陰に甘んじているカナダであるが、このＣＮタワーはとてもいい意味で、カナダの意地をアピールしているといえる。カナダ一の経済都市だが、トロント市内のホテルでもヒルトンやシェラトンといったアメリカ資本の高層ホテルや大企業が進出しているが、カナダ資本（ＣＮタワー）で頭をどのビルよりも雲に近づけ、四方のアメリカ資本の高層ホテルや大企業を見下ろせるのは、独立国カナダの意地と誇りが感じられた。私も342メートルの展望デッキで、トロントの高層ビル群とオンタリオ湖を写真に収めた。

　この日は、16時に隣接するスカイドームで、アメリカンとナショナルのインターリーグ（交流）試合が行われ、珍しいことに共にカナダ・チーム同士のトロント・ブルージェイズ（アメリカン）と※モントリオール・エキスポス（ナショナル）の試合が行われるので（要するに日本でいえば、公式試合期間中にセ・リーグの読売ジャイアンツとパ・リーグの西武ライオンズの交流試合が、行われるようなもの）、すぐにスカイドームでこの試合を19時まで観戦して、そこからタクシーでコロニー・ホテルに戻って、20時にここの一階のレストランで、オンタリオ産ビーフからなるカナディアン・ステーキのディナーを味わっ

て、22時30分に就寝した。
※（現在は、ワシントンＤＣ・ナショナルズになっている。2005年時点）

・トロントのプロフィール

　このテーマの結びとして、トロントのプロフィールを要約すれば、トロントの名の由来は、先住民であるヒューロン・インディアンの言葉で「人の集う場所」を意味する。1793年から1834年までこの町は、ヨークと呼ばれていて、1834年にトロント市として承認された。1850年代に鉄道が開通すると、英国カナダ文化の中心として発展した。

　また現在でも安全で緑豊かな大都市なのは、銃社会のアメリカとは対極をなす治安がよいことに加え、「安全、クリーン、非暴力」という特質が、"The Good　清廉都市"とあだ名された19世紀末のトロントから引き継いだもので、アングロサクソン系のピューリタンの伝統が、トロント社会そのものの芯なのである。

　事実、1951年には人口の約73％がアングロサクソンとケルトからなる英国系であった。そして、1970年代まで安息日である日曜日には商店はほとんど閉店し、コンサートも開けず、公共の場でアルコールを出すことさえ禁じられていたのである。

　しかし、英国系が主流であったトロント市にも変革が訪れ、全世界から何万もの人々が押しかけてきて、市は劇的に変貌した。

最近のトロントにおける人口は、約240万人（郊外も含めると約400万人）で、外国生まれの移民の比率は、約48％とロンドンやニューヨークを上回って、移民の故郷は約170カ国に及び、話す言葉は100の母語（2000年当時）であるが、反目や流血といった噂が聞こえてこないのは、保守的で暴力を好まないアングロサクソン系の人々による影響のたまものである。今や世界中の民族のモザイクと化したが、トロント社会の芯は、やはりアングロサクソン文化なのである。

トロントからオタワへそして、ケベック州にも足を踏み入れて

　6月30日、6時30分に、モーニング・コールをかけてもらい、7時30分にトロント・コロニー・ホテルを出発し、ピアソン国際空港へ向かう。タクシーは、一昨日のトロント到着以来、四回利用したが、インド、韓国、パキスタン、エジプトといったように、トロントのタクシー・ドライバーは、外国それもアジア、アフリカ生まれの移民が大半を、占めているっていう感じだ。

　8時前に、ピアソン国際空港に着いたが、10時出発のＡＣ446便が、11時出発のＡＣ448便へと変更になった。12時10分、ＡＣ448便は、マクドナルド・カルティエ・オタワ国際空港に到着した。12時45分に、空港内でレバノン移民のタクシーを拾って、13時05分に、「トラベロッジ・ホテル」に到着した。

　ここは、チェーン・ホテルとはいえ、カナディアン・パシフィック系列の「シャトー・ローリエ」アメリカ資本の「シェラ

トン」「ウェスティン」などと比較したら高級感では劣るが、首都オタワの象徴ともいっていいパーラメント・ヒル（国会議事堂）の近辺のクイーン通りに面していて、見晴らしがとてもよく、また国会議事堂は、オタワっ子から「ザ・ヒル」の愛称で親しまれている。また自動車がゲタであるカナダにおいては、トラベロッジ・ホテルから国会議事堂へは、タクシーや自動車を利用しなくても徒歩で行けるので、とても便利な位置にある。ちなみに、このホテルは10階建てで、部屋数は179室である。

14時に、同ホテルにある一階のレストランで、ビールとサンドウィッチの昼食を取って、16時20分に、イラン移民がドライバーのタクシーで、対岸のケベック州ガティノーのカナダ文明博物館へ向かう。タクシーは、ポーテージ橋を通過し、10分そこそこで、カナダ文明博物館に到着した。

ここの外側からは、国会議事堂とオタワ川そして緑に恵まれた森林地帯は、実に絵になる光景である。とても国会議事堂の裏手とは、全く感じさせないほど素晴らしい外観である。事実、見物客のほとんどが国会議事堂、オタワ川とそこの川岸に生い茂る森林地帯の三点を、写真に収めていた。またそこからは、前述したフランスのローリエ城を再現したシャトー・ローリエ・ホテルも絵になる光景である。

オタワの国会議事堂の裏手を、ゆうゆうと流れるオタワ川は、オンタリオ州とケベック州の州境でもあり、対岸のケベック州ガティノーは、かつてハルと呼ばれていて、町村合併により、2002年、ガティノー市となったのである。

さて、完成が1990年というカナダ文明博物館の外観は、白で統一されており、またゆるやかに曲がりくねった曲線状になっているユニークな建築である。いうなれば、対岸にあるオタワの古典的建築の国会議事堂とは、対照的なモダンで斬新なデザインなのである。

　内部は、カナダ先住民（イヌイットやカナダ・インディアン）や17世紀からのヨーロッパ移民の歴史上の場面や美術品などが展示されている。また見物客の中には、英語が圧倒的なようで、フランス語も多少なりとも耳にするのは、やはりフランス系が主流のケベック州にいる実感が味わえる。

　ここを見物した後、17時50分に斜め向かいの「カフェ・ヘンリー・バーガー」でフランス料理の夕食をした。このレストランは、国会議事堂を中心としたオタワの景色が見渡せるので、かつてはカナダ政府の一握りの高級官僚が、毎週一回集まって、国策を論じたという名門レストランでもある。

　19時にトラベロッジ・ホテルに戻って、翌朝の準備をしたが、旅の疲れが出て20時に入浴した後、21時に就寝した。

独立記念日（7月1日）のオタワを見て

　1867年7月1日は、カナダがイギリス連邦の自治領として、独立した日である。よって、毎年7月1日は、独立記念日としてカナダ全土の祝日なのである。

　この日は、7時にモーニング・コールをかけてもらい、8時から1階のレストランで、サンドウィッチの朝食をする。この日のレストランは、朝から実に活気づいている。また前日のケベック州、ガティノーのカナダ文明博物館でも聞こえたフランス語も、間近に聞こえる。ケベック州からの宿泊客も、まあまあの割合でいる証しである。

　宿泊先のトラベロッジ・ホテルを8時30分に出て、徒歩で国会議事堂に向かうが、同じく徒歩で向かう見物客が実に多い。また、この日の国会議事堂を軸とした東西約1.5ｋｍ、南北約2ｋｍからなるダウンタウン中心部は、自家用車、タクシーが全面交通止めである。

・ 国会議事堂

　8時50分に、重厚な石造り、緑青で覆われた屋根、上にのびる尖塔で、ネオ・ゴシック様式でそびえたつ国会議事堂に到着した。議事堂前は、すでに大群衆と化している。また緑色の平面の芝生は、スポーツでいうなら馬術競技が出来る程のかなりの広さである。またこの日のために、臨時トイレが設けられてい

て、広々とした中にも用足しには心配のないように、配慮がなされている。さらに芝生内には、巨大なスクリーンが数台設置されていて生で余り見えない観客には、焦点が見えるようにも配慮がなされている。

　さらに、国会議事堂のプロフィールを要約すれば、オタワ川を見下ろす丘、パーラメント・ヒルに建ち、イースト、ウエスト、センターの3ブロックからなっていて、センター・ブロックには、高さ89.5mの平和の塔がそびえ立っている。

　9時30分に、2002年7月1日のカナダ独立135周年記念日の幕が、切って落とされた。最初に、赤いキルト姿のバグパイプのスコットランド民族衣装姿からなる部隊の演奏と行進から始まった。

→オタワ川の対岸のケベック州側から撮った国会議事堂。
オタワ

←独立記念日当日のオタワ市内中心部のリドー運河。まさにカナダ国旗の海であった。
オタワ

またバグパイプばかりでなく、メープルリーフ（カナダ国旗）を先頭に、カナダ10州と3準州からなる13もの各州旗を掲げた退役軍人姿や普段着なようで、白いポロシャツと黒い半ズボンで統一された集団もそれに続いている。これまでに述べた行進参加者は、楽器以外はカナダ国旗か準州も含む各州旗を、それぞれ掲げている。

アメリカ同様、カナダにも州法があり州がそれぞれ国のようになっていて、連邦国家であり州旗にもそれぞれの個性があるが、どことなく共通点はある。

まず、旧君主国イギリスのユニオンジャックが描かれているオンタリオ、マニトバ、ブリティッシュ・コロンビア3州旗を始め、他州にはユニオンジャックこそないが、アルバータ、ユーコン準州からなる2州はイングランドの聖ジョージ旗、サスカチュワン、ニュー・ブランズウィック、プリンス・エドワード・アイランドの3州はイングランドの象徴ライオン、ニューファンドランド・ラブラドルはユニオンジャックを基本、ノバ・スコシアはスコットランドの聖アンドリュース旗を反転したといった具合に、なんらかの形で、旧君主国イギリスに由来がある。それ以外のカナダの州は、ケベック州とヌナブト、ノースウエスト2準州である。

メープルリーフ、各州旗の行進の後、カナダの愛国歌「メープル・リーフ・フォーエバー」(Maple Leaf Forever) の演奏で、カナダ国旗が中央のポールに翻った後、カナダ国歌「オー　カナダ」(O Canada) の大合唱により、カナダへの忠誠心が頂点に

達した。

　もう回りの建物は、カナダ国旗が無数に翻り、見物客にはカナダ国旗がそれぞれ渡され、メープルリーフの海といってもいいくらいカナダ・ナショナリズム（アイデンティティ）が、発揮されている。

　10時には、英国（イングランド）の首都ロンドンにあるバッキンガム宮殿そっくりの黒く長い毛のフサフサした帽子を被り、赤い上着、黒いズボンの近衛兵の交替式が行われ、そして10時30分には、カナダが世界に誇るアイデンティティでもある馬術とミュージカルが見事に調和されたRCMP（王立カナダ騎馬警察）ミュージカル・ライドが行われた（ミュージカル・ライドの内容については、後で詳述する）。

　私見では、イングランドとスコットランドからなるイギリスが主役で、英語とフランス語が交互に放送された一方で、最初の支配国フランスが脇役扱いであった。こうした面からも、フランス系住民からなるケベック州独立運動の要因もあるような気がした。

　ミュージカル・ライドが、11時に終了するや否や芝生の前方を埋め尽くしていた観客が退き始めたが、ここ数年では、約35万人の見物客が、オタワ中心部に集う独立記念日である。熱気が、落ちる訳がない。

　先ほどのミュージカル・ライドに参加したクリーム色のスティッソン帽（広い縁が水平になった騎馬警察独自の帽子で、カウボーイ・ハットにも似ている）に、赤いチュニック（上着）

と黒いズボンのマウンティーズ（騎馬警察の愛称）が、見物客との記念写真に応じている。

　さて、この国会議事堂で述べたマウンティーズといえば、赤い上着の乗馬姿のみを連想しがちだが、彼らは、あくまでもフェスティバル中心のマウンティーズである。カナダとて毎年サミットに、参加できる先進国であるし、いまや自動車、ヘリコプター、警備艇の時代であり、本来は、世界的にも優秀な捜査、情報収集能力をもつ王立カナダ騎馬警察である。

　もちろん現代の流れの動きに応じているマウンティーズは、うす水色のシャツに、紺のチョッキとズボンそして帽子も紺だが、軍隊の将校とも共通しているような形で、太く黄色の水平線があり、真ん中にマウンティーズの紋章が描かれ、黒いベルトには、ピストル、トランシーバーを有した姿が、圧倒的に多く、日常の公務をなす本来のマウンティーズなのである。

　当然ながら、国会議事堂前にも数台のパトカーが、待機し警備に当たっていたが、赤い制服姿のマウンティーズにも劣らず見物客に対しては、実にやさしく接しかつ明るい笑顔で写真撮影にも応じていた。またパトカーには、マウンティーズの紋章と乗馬姿が描かれていて、現代文明の中にもロマンティックな親しみが感じられた。

　さて、このカナダ独立135周年記念日の2002年7月1日に、国会議事堂前で行われたプログラムを紹介する。

9:30 Flag-Raising Ceremony
カナダ国旗掲揚式とカナダ国歌の大合唱
10:00 Changing the Guard
衛兵交替式
10:30 RCMP Musical Ride
王立カナダ騎馬警察によるミュージカル馬術ショー
11:05 Canada on the March
カナダ空軍楽団によるバンド演奏
11:30 Sky Hawks
パーラメント・ヒル（国会議事堂）からジャック・カルチエ公園にかけての航空ショー
12:00~13:30 Canada Day Noon Show
過去50年前から現在（1950年代から2000年）に至るまで、歴代のカナダ首相を始めとして、カナダのスポーツや文化に業績を残した人々を表彰する儀式
14:00~17:00 Street Performers on the Hill
楽器ドラム、チアリーディング（応援団）、器械体操、交響楽団などによるショー
18:00~20:00 Evening Pre-Show
ラテン・ダンスや過去10年間を、なつかしむライブ・ショーなど
20:30 Canada Day Evening Show
ロック・ミュージカル・コメディを中心としたショー

独立記念日から二日後の7月3日には、12時20分から約45分の国会議事堂見学ツアーに参加した。二日前の数台の屋外スクリーンや簡易トイレは、きれいに撤去されていて、本来の国会議事堂の姿になっていた。

案内所も含む出入口には、カナダ国旗と3準州も含む13の各州旗が掲げられ、またその手前の掲示板には、カナダ全土の地図があり各州が色分けされていて、各州ごとの州議事堂と各州旗が描かれているので、各州と州都的特徴がわかり易くなっていた。

ツアーを引率してくれたのは、髪の色こそ金髪ではないが、長身（約170ｃm）で、肌が実に透明的な色白で、髪の色も赤毛がかかりスコットランド系を想わせるような20代の美人ガイドであった。また人当たりが実によく、さわやかな淑女を感じさせる人だった。

彼女の引率で、20人前後からなるツアーが始まった。この中には、7，8人の親子連れの小学生も含まれていて、小学校といえどもカナダの夏休みは日本よりも3週間は、早いことが感じられる。堂内における一階のカナダ歴代首相の肖像画が掛けられたスペース、またここの廊下は、厳重な大理石と彫刻で飾られている。

この議事堂は、1916年に火災にあったのだが、鉄製のドアのおかげで図書館の焼失だけが免れて、昔のままの木造りであり中央に立つビクトリア女王の像が人気物である。その証拠に見物客の多くが、ビクトリア女王の像に写真撮影が集中していた。

説明は、議員各部屋の前を通過して、元の廊下に戻った処で終わったが、ただ最後の所で、美人ガイドが小学生たちを対象に、人当たりのよい笑顔でカナダのプロフィールをクイズ形式に質問していたのが印象的だった。このガイドは、幼稚園や小学校の教師であっても、おかしくないような人柄であった。

　さて結びとして、国会議事堂を総まとめに説明すれば、最初の議事堂は1865年に建設されたのだが、1916年の火災で焼失してしまい、1920年に新しく建設された議事堂が再開された。

　中央ブロックの平和の塔（ピース・タワー）には、53のカリヨン（鐘）と巨大な時計、そして戦没者を祭った記念碑が納められている。またここの3階部分は、第一次世界大戦の石碑を使って1927年に作られたもので、未来の世代にカナダの歴史を伝える役目を果たしている。

　そして、アーチ型の窓、傾斜の急な屋根、コーナーの小塔などは、イギリスの首都ロンドンの国会議事堂を連想させる、ネオ・ゴシック建築の伝統を引き継いで、「ザ・ヒル」の愛称でカナダの首都オタワの象徴として、今日に至っているのである。

・市内中心部編

　午後12時に、一度宿泊先のトラベロッジ・ホテルへ戻って、昼食をしにオタワ市中心部へ出かけようと思って、ホテルのフロントでタクシーの手配をしようとする。すると、スタッフが、「今日は、独立記念日なので市内中心部は、全面通行止めです」と言う。「でも、ここから市内中心部へは、歩いても行けますよ」

と言うので、歩いて行くことにした。

　カナダもアメリカ同様、自動車がゲタである国なので、てっきりタクシーが必要かなと思っていたら、トラベロッジ・バイ・パーラメントヒルが正式名で、国会議事堂から徒歩10分そこそこで着く距離であり、東西約1.5ｋm、南北約2ｋm内の中心部にあり、オタワ市内の主要名所、ホテル、レストランも大半がここに位置しているので、徒歩でリドー運河まで行くことにした。

　12時30分にホテルを出て、これに面するクイーン通りを、歩いて行くと回りの雰囲気は、国会議事堂前同様、「カナダ国旗の海」と表現してもいい位、カナダ国旗を持ったり、メープルリーフの傘や帽子を着けた人々が目立つ。

　また首都とはいえ、市内の人口は約32万人の市かと疑う位（郊外の人口も含むと約110万人）、2,30階前後または、それ以上の高層ビルも目につく。日本と違って地震国ではないせいか、この範囲内では、東京都心部の千代田区や港区のビル群にも劣らない。だが、道路幅のゆったりさ、ビルと隣りのビルとの間は、東京やその他の大都会のように密集しておらず、日照権をめぐる裁判沙汰の問題には全くならず、ゆったりした点では、我が国の都会とは比較にはならない。

　トラベロッジ・ホテルからクイーン通り沿いに、7ブロック目にして、徒歩にして、約30分ほどはかかったが、13時に、リドー運河沿いの高級フレンチ・レストラン「ル・カフェ」に到着した。このレストランは、カナダ政府高官や各国の名士も訪れ

る五つ星のレストランで、格式の高さは指折りである。夏には、リドー運河沿いのテラスに、赤い屋根のパティオがオープンしていて、13時というランチ・タイムの時間帯であり、また独立記念日だけに、店内は超満席のにぎわいを見せていた。

　ただ服装は、清潔感さえあれば自由であり、背広やドレス姿必着という堅苦しさはなかった。ウエイター、ウエイトレスも実に、言葉使いは丁寧であり食事客には、必ず「サー」という表現を使っていた。私も牛肉とパン、スープからなるフレンチ・ランチとビールを注文したが、味も抜群でかつ店内の高級感あふれる雰囲気も文句なしだった。

　さて、リドー運河に話を転じるとこの運河は、国会議事堂の東とオタワ川に垂直の形で位置している。この日は、独立記念日だけあって、運河沿いのコンフェレンス・センターには、身長2メートルはある巨漢の人間をも楽に、包んでしまうような巨大なカナダ国旗が掲げられていて、実に目をひく。

　また、お城のように美しいシャトー・ローリエや窓辺に広がるオタワの夜景が、評判のウェスティン・オタワといった高級ホテルやオペラ、交響楽団といった、あらゆるジャンルのパフォーマンスが楽しめる国立芸術センターがあり、その中には、私がこの日に昼食をしたレストラン「ル・カフェ」がある。

　巨大なカナダ国旗を掲げたコンフェレンス・センターは、またリドー運河クルーズの発着場で、このクルーズで美しいオタワの中心を、のんびり流れるボートからの眺めは、格別という。

　さらに春には、両側の土手に、第二次大戦中、カナダに亡命

したオランダ王室が、当時の恩義に報いるため、毎年、何万本にものぼる球根を寄贈したことに由来するチューリップが咲き、秋にはカエデが一面に紅葉し、冬には、世界一長い人工スケート場と化し、スケート姿で通勤、通学する者も出るという。それはオタワが、モンゴルの首都ウランバートルに次いで、世界第二の寒冷首都だからである。

　今日では、オタワ市民の幸せな日々の象徴的存在になっているリドー運河は、元を正せば、アメリカのカナダ攻撃を想定して建設されたことに由来する。1812年に米英戦争が勃発すると、イギリスはセントローレンス川沿いの戦略上の経験が、アメリカとの国境沿いに集まっていることに不安を感じたので、現在のオンタリオ州とケベック州を結ぶ安全な経路が必要となった。

　それで、1826年から32年にリドー運河が建設され、オタワからキングストンまで、点在する湖を結んで、全長にして202キロを有する運河として、今日に至っているのである。

　この運河の水質は、オタワがカナダの首都であると共に公園都市でもあり、重化学工業地帯が全くないので、都心部にある川（運河）とは思えない位ヘドロとは、全く無縁であった。日本の大都会には、花のプロ野球が行われるスタジアム近くには、ヘドロだらけの川が存在するが、オタワのリドー運河はその点では、わが国の大都会の川とは、実に比較にならない。ちなみに、オタワにも日本の花のプロ野球に相当する「セネターズ」というプロ・アイスホッケーや「ラフライダーズ」というプロ・カナディアン・フットボールの球団も存在する。

リドー運河の次に訪れたのは、この運河の西側と国会議事堂の東ブロックからウエリントン通りを渡った南側に位置する戦没者記念塔である。この塔は、1939年に、第一次世界大戦で、戦没したカナダ人兵士を称えて建設されたもので、巨大なアーチの中に、悲壮感を漂わせた馬と大砲も含めた22名による第一次世界大戦当時のカナダ軍兵士の像が、刻まれている。

　1914〜1918の第一次世界大戦、1939〜1945の第二次世界大戦、1950〜1953の朝鮮戦争とカナダが参戦した年号が刻まれており、この22名の銅像の前には、戦没者を弔うかのように、無数のカナダ国旗が飾られていた。

　戦没者記念塔を見た後、オタワ市民の台所と言われ、レストラン、商店が集中するバイワード・マーケットを訪れた。この区画は、1840年代から続く歴史ある市場で、出入口にはわが国の明治時代に栄えた数台の人力車が待機していて、人気の的である。

　またこの区画は、前述したリドー運河と深い関連がある。リドー運河の建設指揮者として、イギリス本国より、バイ大佐が派遣された。リドー運河の建設にたずさわる労働者の住宅、商店がオタワの一角で発展し、その地が、大佐の名に因んで、バイワードと呼称され、今日に至っている。

　独立記念日であるだけに、カナダ国旗を持った人々の熱気で、にぎわっていたが、平日でも新鮮な野菜や果物を、買いに来る市民や手作りのアクセサリーや小物がお目当ての観光客などで、いつもにぎわっているという。また、マウンティーズの陰には

隠れているが、黒い制服でパトロールしているオタワ・ポリスの存在も無視できない。彼らとて、オタワの治安維持には、欠かせないのである。

17時に、バイワード・マーケットを後にし、17時30分にホテルに戻って、一時間ほど休んで、18時30分にホテルを後にして、国会議事堂とは南北方向でつながっていて、そこから徒歩5分の距離にあり、エルジン通り沿いのイギリス料理「フライデイズ」に19時に着きそこで、ローストビーフとパン、スープにビールをつけた夕食をした。

このレストランは、イギリスの本物の味が、オタワで食べられることで定評があり、建物の外観は白いレンガ造りで、看板にもＲＯＡＳＴ　ＢＥＥＦ　ＨＯＵＳＥと書かれていて、オールド・イングリッシュ・スタイルを頑固に守っている。国家的休日と夕食タイムなだけに、ここもまた超満席であった。

20時に、夕食を終えて、徒歩で国会議事堂経由で、ホテルに戻ったが、カナダにとって一番めでたい日なだけに、人々の熱気はものすごかった。

ただ独立記念日とはいえ、7月4日のアメリカの独立記念日には、日が沈んだころの首都ワシントンＤＣ名物キャピタル前の人工池では、泳ぎ出したり肩を組んでアメリカ愛国歌の"God Bless America"などを歌い出すほど騒々しい雰囲気と聞くのに対して、カナダの首都オタワ名物リドー運河では、大声で肩を組んでカナダ国歌を歌い出したり泳いだりするような雰囲気は全く見られず、アメリカと比較すればカナダの場合は、相対

的に穏やかだった。

　それと国会議事堂ばかりでなく、リドー運河沿いの橋や高級ホテルにもカナダ国旗に加え、3準州も含む13州からなる各州旗も翻っていて、連邦国家カナダも盛んにアピールしていた。この時期のオタワは、21時頃になってようやく日が、暮れ出すのである。

平日のオタワの名所他

・カナダ戦争博物館

　独立記念日翌日の7月2日の14時30分に、国会議事堂より、リドー運河の東側にあるサセックス・ドライブとブルエール通りの交差所にあるカナダ戦争博物館を見物した。

　入口の広場には、戦車や大砲が置かれていて、ベレー帽をかぶって戦争映画に出てくるようなイギリス陸軍兵士に、実に外見的にも似ているカナダ陸軍兵士の制服を着ているスタッフが、愛嬌をふるまっている。またそこには、等身大のカナダ陸軍や空軍兵士の絵画の中に、顔を入れる記念撮影品も人気の的である。

　外観は、100年以上の歴史を持つクリーム色のレンガ造りの建物である。高さは三階建てで、一階は、17世紀当時のフランスが支配国だった当時のニュー・フランス時代、1812年の米英戦争、カナダ自治領として独立した頃、第一次世界大戦（1914～1918）当時などが、中心である。

　二階は、第二次世界大戦（1939～1945）が中心で、独裁者として名高いナチス・ドイツのヒトラーが愛用した自動車や親衛隊のろう人形、イギリスを救った名戦闘機スピットファイヤー、連合軍の勝利を決定づけたノルマンディー上陸（D-Day）などが目につく。

　三階は、第二次世界大戦終了後に、カナダが1949年にＮＡＴＯ（北大西洋条約機構）に加盟してから、朝鮮戦争（1950～

1953）そしてその後のカナダ軍といったように、17世紀から現代に至るまでの武器や軍服、車両、模型、独創的なジオラマ、美術品などの優れたコレクションが展示されているのである。

　私見では、カナダの歴史はイギリス系とフランス系の対立で、イングランド（アングロサクソン）とスコットランドが主流のイギリスが支配権を持ち、1867年に独立したとはいえ、1982年に「カナダ法」ができて、現在でもイギリス王室が元首のせいか、実にイギリス色が断然強いのが印象的だった。例えば、ビクトリア女王の絵画の上に、左右のユニオンジャック（イギリス国旗）といった具合に、ユニオンジャックが実に目についた。

　ただ、ろう人形やジオラマも多かったせいか、パネルだけではもったいないと思った物もあった。第二次世界大戦のコーナーで、イギリスのチャーチル首相、アメリカのルーズベルト大統領、カナダのキング首相による1943年8月のケベック会議である。

　この会議では、キングはチャーチルとルーズベルトという二人の偉大な指導者のホスト役を務め、戦略立案には参与しなかったが、国内政治面とはいえカナダのためには、実に大きな役割を果たしているので、この三人によるケベック会議をろう人形やジオラマにしたら、もっとカナダ人の誇りとして受けるのではないかと思った。なぜならば、このケベック会議は、あまり世界史のひのき舞台に出ることのなかったカナダが、世界史に残るひのき舞台の一つだからである。

　もう一つは、第二次世界大戦のアメリカのアイゼンハワーや

イギリスのモントゴメリーのように、連合軍の花形将軍にこそあげられてはいないが、1943年からカナダ第1軍司令官となり、1944年6月のノルマンディー上陸にもカナダ第1軍を率い、そして1945年4月末には、オランダ、アムステルダムのドイツ第25軍を孤立させて、停戦を実現するなどの連合軍の勝利にも貢献したヘンリー・クリラー将軍の功績が、これといってまたは、わかりやすいほどには、展示されていなかったことだ。

確かに、米英中心の連合軍の中では、花形将軍のうちには入らないが、カナダとしては文句なしに花形将軍である。クリラーは、モントゴメリーの指揮下にあったとはいえ、モントゴメリーは彼を信頼し、カナダ政府を喜ばせるためにもクリラーに自由裁量権を与えていたのである。例えば、クリラーがモントゴメリーと作戦を、打ち立てているろう人形やジオラマなどもカナダの歴史的誇りとして、カナダ人にアピールするのではないかと思ったものだった。

要するに、カナダの無名兵士のろう人形やジオラマもいいのだが、当時のカナダの国民的指導者や英雄のろう人形やジオラマもあれば、カナダのアイデンティティ的誇りとして、カナダ人ばかりでなく外国人見物客にも、アピールするものではないかと、内心思ったものだった。

・ローリエ・ハウス

戦争博物館を、見終えた15時30分に、タクシーを拾って15時45分に、ウイルフレッド・ローリエ首相（1896～1911）とウイ

リアム・リヨン・マッケンジー・キング首相（1921〜1948）の主に首相時代の公邸だったローリエ・ハウスを訪れた。

　この歴史的な建物は、ローリエ・アベニュー沿いにあり、外観は明るい灰色の二重勾配屋根（三階部分）と薄茶色のレンガで出来た家屋の三階建てで、大英帝国としてイギリスの絶頂期であったビクトリア様式である。

　そして、ここの二階には、1963年から1968年まで首相を務めたレスター・ピアソン首相の書斎が、復元されている。この公邸は、1878年にオタワの宝石商ジョン・レスリーが、建てた邸宅であった。

　まず、ローリエ（1841生〜1919没）の経歴をあげれば、彼はフランス系カナダ人として、初めて首相となった人物である。彼は、フランス系ながらもイギリス派の自由主義者で、フランス系とイギリス系のそれぞれの極端な考え方を退けて、カナダの政治を運営した。

　そして、ボーア戦争へのカナダ派遣の是非、マニトバ州におけるカトリック系の学校問題、カナダ外交の自立、アメリカとの経済関係の続出した難問を、見事に切り抜いたのである。

　次に、キング（1874生〜1950没）の経歴をあげれば、政治家としては、自由党の党首として1919年から1948年、首相としては1921年から26年、1926年から30年、1935年から1948年までと、首相在任期間を合計すれば、7,829日という驚異的な長さである。

　さて、首相としての大きな業績をいえば、第二次世界大戦が始まると徴兵制度の是非をめぐる議論が活発になった時、彼は

イギリス系（賛成）、フランス系（反対）の意思の相違を知っていたので、自分から主体的に動くことはせず、機が熟するまでは何も決定しない態度をとり続けた。

　しかし、1944年11月にキング首相は、軍事的配慮を優先して公約を覆し、徴兵による海外派兵を発表したのである。また、カナダ外交の主体的な展開という点では、キングの功績は高く評価されているのである。

　そして、ピアソン（1897生〜1972没）の経歴をあげれば、裕福な家庭に生まれ、オックスフォード大学で歴史学を学びそこで博士号をとり、トロント大学の教授になるが、学術研究にはあまり関心を持たず、外交官に転身する。

　キャリア外交官から自由党の政治家として、実績をあげ、スエズ危機では外務大臣として、国連平和維持活動の原形をつくることで、国際的にも高い評価をえて、1957年にノーベル平和賞を受賞する。

　また、彼は対米関係を重視し、アメリカとの協力を惜しまなかった一方で、ベトナム戦争においては、アメリカ政府を公然と批判したので、時のジョンソン米大統領が激怒して、二人の関係はきわめて悪化した一面もあるのである。ピアソンは、内政面では福祉国家への道を開き、連邦制度の近代化に努力した。

　室内などを紹介すれば、敷地内は「これが、首相官邸だったのか？」と思うほど、それほど広くはなかった。（私見では緑色の芝生からなる庭が大体300坪位）ただ国定史跡であり、カナディアン・パーク・サービスによって運営、管理されているので、

芝生や木の手入れは、実に見栄えがよくきれいである。芝生の中央には、カナダ国旗が翻ったポールがあって、一際目をひく。

室内を案内してくれたのは、サンチェスさんというスペインとアイルランドの血をひいた中年男性であった。階段の手前には、向かって左に白いローリエと向かって右に黒っぽいキングの胸部分からなる銅像が、飾られている。

室内には、三人の首相時代における無数の記念写真そして、ローリエ、キングの肖像画や二人が愛用した家具、調度品類は、文句なしにクラシカルで、王侯、貴族その者といっていい程、優雅でリッチな暮らしぶりは、見物客であれば誰もが感じる。

また、クラシカルな雰囲気の中にも、リモコン・スイッチで動く自動ピアノは、とても印象的だった。何しろ人が指、手、足を動かさなくても自動的に、演奏されるのだから。

二階のピアソンの書斎には、それぞれ別のピアソン首相及び夫人の上半身からなる等身大ほどの絵画やこれらに比べると実に小さいが、ケネディ米大統領の絵画、アイゼンハワー米大統領やネール・インド首相といった各国首脳の写真が飾られていた。（ぱっと見ると10名位）また、復元されたとはいえ、書斎のせいか、ローリエ、キングの寝室、居間と比べれば、どことなく地味であった。

ここを、16時30分に出て、タクシーでホテルに戻った。

・リドー・ホール（総督公邸）

7月3日15時に、オタワ市中心部とその郊外を感じる境である

リドー川（前述したリドー運河とは別である）を、東に渡ったリドー・ホールを訪れた。オタワ市中心部の南端に近いサマセット通りからタクシーで、リドー川を渡ると、同じオタワ市内とはいえ風景は、完全に郊外の雰囲気である。

郊外とはいっても、カナダ首相公邸、水しぶきを上げて流れ落ちるリドー滝、ロックリフ公園、そして高級住宅街ロックリフ地区があるせいか、ゆったりとした緑豊かな敷地そして、とてもきれいな空気に恵まれた上流階級的郊外の雰囲気を、漂わせている。

オタワ市民から「キャッスル」の愛称で呼ばれているリドー・ホール（総督公邸）は、イギリス女王（国王）の代理を務めるカナダ総督の公邸で、カナダ首相公邸の向かい側にある。

カナダの総督は、イギリス王室の名代として、カナダの象徴的元首の役割を果たしている。1867年の独立以来1952年までは、イギリスから派遣されていたが、1952年以来、カナダ人の中からカナダ首相が選び、エリザベス女王（イギリス国王）が追認する形で任命される。1989年における昭和天皇の葬儀の際に、カナダを代表して参列したのも当時総督だったソーベー女史である。

当時のカナダ総督は、1999年に任命されたエイドリアン・クラークソン女史で、第26代カナダ総督（2002年当時）であった。クラークソンという名字を聞くと、アングロサクソン系のように思いがちだが、彼女はなんと中国系である。

彼女の経歴をたどると、第二次世界大戦の1942年、三歳の時

に当時イギリス領であった香港から難民として、一家をあげてカナダに移住した。

　大学卒業後はフランスに留学し、英仏両語が堪能なバイリンガル・ジャーナリスト、ブロードキャスター、作家、映画プロデューサーなど、そうそうたる肩書きを持つに至る。

　1952年以来、カナダ総督はヨーロッパ系カナダ人のみが就任していたが、今回のクラークソン女史のカナダ総督就任は、まさに歴史上始めてアジア系として、イギリスのエリザベス女王の代表を務めることになったのである。

　この画期的な大ニュースに、中国系カナダ人が歓喜したのは当然なのだが、ビジブルマイノリティ（非白人系カナダ人）にとっても、非常に意義深いものがあった。それは難民でも、ここまで成功する可能性があり、カナダのふところの大きさを改めて実感した人々が、多かったことである。

　さてリドー・ホールについて説明すると、リドー（rideau）とはフランス語でカーテンを意味し、この建物はもともと1838年に裕福な石切り工が建てた大邸宅で、石造りのスコットランド風本館に、手入れの行き届いた庭園、そして美しい樹木園のある88エーカー（約35万6千平方ｋｍ、約10万8千坪）という広大な敷地の中に建てられている。

　何しろ正門から案内所と本館の所まで、タクシーにして、二、三分はかかったのである。だが、タクシー内からでも緑豊かな芝生、樹木は良く見えるなど、緑の生い茂った場所という雰囲気は味わえる。

庭園や花園には、豊かに咲き誇った花々、かん木、そして植物が生えている岩山があって、とてもきれいである。これらは、19世紀初期の英国（イングランド）の伝統を、受け継いだものである。

またこの総督公邸では、前日の独立記念日に、国会議事堂前で見た赤い制服のフェステバル用や紺の制服という日常的公務姿とは違い、黒のズボンと白い半袖シャツ、白い帽子の下部分には黒く太い一直線があって、その中央には赤いカエデが描かれていて、一見海軍将校的にも見えるマウンティーズが、白いカートでホール内をパトロールしている。ここでのマウンティーズも国会議事堂前同様、親切でやさしい人柄を感じる。

リドー・ホールの外観を説明すれば、明るい灰色の造りの四階建てだが、窓は三階までである。手前には噴水があり、噴水と公邸での中央の三角形をした屋根の頂上には、共にカナダ国旗が翻っている。

また、窓こそないが、四階にあたる所の中央の向かって右側は、イギリスを表すライオン、そして左側は、フランスを表す一角獣を描いたカナダの国章が、彫刻となって描かれている。これは、イギリス連邦の構成国とはいえ、カナダはイギリス人とフランス人の植民地から出発したことを、表しているのである。

ここで私は、リドー・ホールのツアーに参加し、邸内にはエリザベス女王や歴代カナダ総督の肖像画、アンティークな家具類やその他の美術品類が、ゆったりとして置かれていた。また、

案内所（ビジター・センター）兼ギフト・ショップには、26代カナダ総督・クラークソン女史とその夫であるジョン・R・サウル氏の写真や赤い制服の近衛兵のろう人形などの展示、そして宝石類やオタワ関係の書籍類、メープルシロップの食品などが、販売されていた。

レストラン編
(マンマ・テレサ)

　オタワ滞在の三日目（7月2日）と四日目（7月3日）の昼食に、二回行った。市内中心部の南端に近いサマセット通り沿いにあり、オタワでもトップクラスの赤いレンガ造りのイタリアン・レストランで、オタワのイタリア料理関係のシェフは、ここで修行した人が少なくないというほどのイタリア料理界での親代わりの店である。一回目は、ビールとパスタのランチセット、二回目は、ビールとピザのランチセットを食べた。従業員の応対も実に丁寧で、食事客には、必ずといっていいほど「サー」の表現を使っていた。

(メイフラワーⅡ世号)

　オタワ滞在の三日目の夕食に行った。日本の旅行ガイド・ブックには載ってなかったので、知らなかった店だが、7月1日の独立記念日の日に、クイーン通りを歩いていた時、向かって左からケベック州旗、カナダ国旗、オンタリオ州旗、アメリカ国旗が、同じ店の二階の窓下に掲げられ、メイフラワーⅡ世号（MAYFLOWERⅡ）の文字及び左右に、その船のイラストと

"Happy Birthday Canada"の垂れ幕が目についたので、7月2日の夕食に行った。

　店内は、レストラン兼パブで「メイフラワーⅡ世号で、イギリスからアメリカに渡った船」が店のテーマで、ビクトリア女王の肖像画や19世紀頃のイギリスを描いた絵画が、階段に飾られていた。

　夕食は、ビールとビーフ料理を注文した。時代的にはおかしかったが、店内では、船内のパブにいるような雰囲気があった。またメイフラワーⅡ世号で、アメリカにたどり着いたのは1620年で、アメリカが独立したのは1776年なので、当時は、カナダもアメリカもイギリスの植民地で同一国であった。

　この店は、イギリス料理というよりも、アングロアメリカ（北米）料理の店という感じだった。私の泊ったトラベロッジ・ホテルからクイーン通り沿いで、リドー運河までの大体中間地点にあった。

・ タクシー編

　独立記念日の日こそ利用しなかったが、7月2日から4日の帰国の日までに、10回利用した。その中で、れっきとしたヨーロッパ系カナダ人運転手は、国会議事堂からサマセット通りのマンマ・テレサ（イタリア料理）に向かったフランス系の一回だけで、あとは、すべてレバノン、イラク、サウジアラビア、アフガニスタンといった中近東移民であった。

　ただ、彼らは中近東出身とはいえ、母国では弁護士、エンジ

ニア、教師といったように、知的エリートであったが、カナダにおいては社会的地位こそ劣る職業とはいえ、政情不安や戦争と隣り合わせにある母国よりは、ずうっとましな生活ができるとあって、カナダに骨を埋める決意のもとに、まるで「水を得た魚」のように生き生きとしていた。

・オタワのプロフィール

　オタワのプロフィールを要約すれば、オタワの語源は、先住民の言葉で「交易」を意味する「オタ・ウイ・ウイ」にある。19世紀初頭、そこにはまだ正式の地名さえない木こりの集う小村にすぎなかった。

　にわかに、活気が帯び出したのは、リドー運河建造の拠点として、1826年にイギリスの軍人用野営地が造られた頃からである。この地の指揮官であったバイ大佐の名にちなんで、バイタウンと呼ばれていた。製造業を中心に商業活動も発展してゆくと、1855年にこの町は、先住民の名をとってオタワと改名された。

　そしてオタワは、1857年にイギリスのビクトリア女王によって、イギリス領カナダの首都に選ばれ、1867年のカナダ独立後も国の政治的中心地として、計画的な都市づくりが進められた。

　ビクトリア女王は、オタワが、アッパー・カナダ（現在のオンタリオ州）とローワー・カナダ（現在のケベック州）の中間地点にあること、またアメリカ国境から離れた安全な地であることに目をつけて、首都と決定したのである。だが、当時の世

間は、「ビクトリア女王のいつものきまぐれ」「もっとも北極に近い木材村の首都」などと酷評した。

　それから約140年後の現在、カナダの首都オタワは「原野のウエストミンスター」とも「北のワシントン」とも呼ばれている。前者はオタワの起源を適切に表現し、後者は目をみはる成果をあげて躍進するこの都市の目標を的確に言い表している。もはやこのオタワは、かつての酷評など信じられないほど、美しく威厳あるカナダの首都となって、今日に至っている。

知られざるオタワの名所、
ミュージカル・ライド・センターを訪れて

　オタワのプロフィールを、既に結んでおきながら再びオタワのことを述べるのは、王立カナダ騎馬警察（ＲＣＭＰ　Royal Canadian Mounted Police）の総本部がカナダの首都オタワにあり、またこれは、オタワ市内ばかりでなくカナダ全国組織のものであり、筆者のテーマのメイン・エベントであるからだ。

　7月1日に行われたカナダ独立記念日の翌日の7月2日と3日に、二日続けて訪れた「ミュージカル・ライド・センター」は、オタワ市内とはいえ、緑と澄んだ空気に恵まれた郊外の雰囲気を持つ所にあり、そして近辺には、前述したリドー・ホール（総督公邸）、カナダ首相公邸、高級住宅街ロックリフ地区もある。

　またオタワ市民ばかりでなく、カナダ人どころか世界中でも人気の的であるミュージカル・ライド（ミュージカル馬術ショー）の訓練場であるミュージカル・ライド・センターの一日目は、センター内部の見物、二日目は、マウンティーズこと王立カナダ騎馬警察が、世界に誇るカナディアン・アイデンテイテイであるミュージカル・ライドを、テーマとして述べる。

　さて私事ながら、日本におけるカナダを紹介した旅行ガイド・ブックには、オタワは絶対といっていいほど紹介されているのだが、以外にもオタワにおけるミュージカル・ライド・センターを紹介したものは、これといってなかったので、ＲＣＭＰ本部がオタワにあることは知っていたのだが、私自身もミュージ

カル・ライド・センターの存在を、知らなかった。

　これを知ったのは、オタワのマウンティーズの行事を知りたくて手紙を出したＲＣＭＰ本部の女性スタッフであるシンディ・ヘンリーさん（Mrs.Cyndy Henry）からの
"As it is held on the training grounds of the Musical Ride you would also have the opportunity to visit the stables and the Musical Ride Center."
「（もしオタワを訪れる）機会があるならば、ミュージカル・ライド・センター及びうまやも訪問してください。そこでは、ミュージカル・ライドにおけるトレーニング・グラウンド（練習ぶり）も味わえますよ」2002年2月6日付、
という手紙における内容の一部の返答に加えて、ミュージカル・ライド・センターの具体的な英文資料が、含まれていたことによって、それを知ったからだ。

　さて知られざるオタワの名所、ミュージカル・ライド・センターの存在を、私自身の体験によって、この紙面にて日本の読者にクローズ・アップさせてみたい。

1日目、ミュージカル・ライド・センター見物
・予期せぬ幸運な出来事が

　7月2日（火）、7時30分にモーニング・コールがなって、8時10分から8時40分まで、宿泊先のトラベロッジ・ホテル内の一階レストランにて、コーヒー付きのウエスタン・サンドウイッチ（アメリカ・テキサス風）の朝食をする。

9時15分に、中近東移民の運転するタクシーで、バニエ・パークウエイ1200番地にあるＲＣＭＰ本部に向かう。オタワ市内中心部にあるケント道りを南下して、長距離型高速道路クイーンズウエイに入って、リドー運河、リドー川を越えたバニエ・パークウエイ沿いにある「ＲＣＭＰ本部」に向かったのは、文通していた女性スタッフのシンディ・ヘンリーさんに、会うためである。

　2001年に訪問した、サスカチュワン州レジャイナにあるＲＣＭＰ訓練施設は、博物館を中心に観光用にも出来ているのに対し、10時近くに着いたＲＣＭＰ本部は、やはりカナダの国家機密を要し観光向けにはされていないだけに、とても厳重な雰囲気だ。当然、チェックも厳しい。

　私はヘンリーさんからの手紙のコピーとプレゼント用の博多人形（2千円相当）を、ちゃんと用意していて、「ヘンリーさんを訪問するためです」と話すと私とタクシーは、内部に入館できた。

　しかし、お目当てのヘンリーさんは、外出中であることが判明したので、翌日再び訪れる決意のもとに、10時40分にＲＣＭＰ本部を後にして、ホテルからと同じタクシーでミュージカル・ライド・センターに向かった。

　タクシーは、バニエ・パークウエイを北上し、モントリオール通りを東進して、サンローラン通りを北上し、北にロックリフ・パークウエイと南にスタンドリッジ・ロードを、道路沿いにあるミュージカル・ライド・センター（別名、ＲＣＭＰステ

ーブルス（うまや）、RCMP Stables）に、11時に到着した。

　緑一面に覆われた表玄関の芝生では、中央には赤い花の円状に囲まれて、その中心点には一際高いポールに、カナダ国旗が翻り、高さにしてカナダ国旗のポール半分ほどの3準州を含む13州旗が、円状にカナダ国旗を引き立てて翻っている。

　この回りは、円状的な舗装された道路で、すぐそばには駐車場があり、その手前には、無数の巨大な緑の樹木が生い茂っている。中近東移民のタクシー・ドライバーに、別れを告げるとすぐに、ミュージカル・ライド・センター及びうまやのツアーが、開始された。

　館内ツアーは、約20名ほどでツアーの引率者は、20代半ばで金髪、青い目という典型的なアングロ系（アングロサクソンを中心とした北西ヨーロッパ系）女性である。アングロ系にしては、それほど長身という訳ではないが（約165センチ）、顔立ち、スタイルはとてもスマートで、共に白い半袖のポロシャツと夏用のスカートで、胸には小さな乗馬姿のマウンティーのイラストが、描かれている。

　ツアーの内容は、ミュージカル・ライドの練習に使われるトレーニング・グラウンドやイギリス王室を始めとした各国首脳のパレードに、使用された馬車やＲＣＭＰの歴史を、展示した絵画や写真、そしてミュージカル・ライドに、使われる道具の展示や名馬の飼育ぶりの説明といったものである。

　トレーニング・グラウンドは、モンゴルのウランバートルに次ぐ世界第二の寒冷首都であるオタワにありそして、冬はカナ

ダ全土も同然といっていい程、雪に覆われるので、当然ながら屋根つきの屋内練習場である。

　次に馬車の展示であるが、赤い制服のマウンティーズは、フェスティバル向けなので、ミュージカル・ライドばかりでなく、イギリス王室を始めとした各国首脳の馬車における護衛パレードも受け持つ。また同じ館内の白い壁には、19世紀からのＲＣＭＰの歴史を展示した絵画や写真が、無数に展示されている。

　ミュージカル・ライドに使われる道具には、馬の鞍やフェスティバル用の赤い制服ではなく練習用に使われる紺の制服や帽子の展示、そしてアングロ系のガイドからの共に三角形で組み合わされた赤と白の旗からなり長さにして、約2m75のヤリを持ちながらの説明は、実に情熱的だった。

　名馬の飼育ぶりについてだが、マウンティーズには、警官ばかりでなく軍隊や行政官的要素もあるせいか、名馬の名前には、ローマ帝国の皇帝シーザーやフランスの天才的将軍兼皇帝のナポレオン、そしてアイクという世界史に残る英雄の名のついた名馬が実際にあった。アイクという名の由来は、第二次世界大戦の英雄で、後にアメリカ大統領になったアイゼンハワー元帥の愛称に因んでいる。

　また黒で統一された名馬には、カナダの象徴であるカエデの焼き印があって、まさにカナダが世界に誇る「名馬国宝軍団」の印象もあった。

　それと名馬のひづめを、カナヅチで調整したり、またミュージカル・ライドのカナダ各地への公演に使用され、等身大の乗

馬姿のマウンティーズが、突進する絵画が描かれた赤いトレーラーを清掃する実演もあった。彼らは裏方とはいえ、華やかなミュージカル・ライドには、決してナイガシロには、出来ない存在である。

　敷地内には、2001年に訪れたサスカチュワン州レジャイナのＲＣＭＰ博物館内にあったスカーレット＆ゴールド・ギフト・ショップと同様のマウンティー・グッズを、販売しているミュージカル・ライド・ブティックがあり、見物客の買い物には、人気の的である（品物の内容については、レジャイナ体験編にあるＲＣＭＰ博物館の表玄関を参照のこと）。

　またミュージカル・ライド・ブティックの隣には、休憩所の所にレジャイナのＲＣＭＰ博物館にもあったような漫画的なマウンティーの所に、自分の顔だけを入れる記念撮影所もあって、人気の的である。レジャイナのと比較すれば、スティッソン帽やヤリが欠けているが、周りには名馬の写真や等身大に近いミュージカル・ライドのシーンもあって、何となくレジャイナにも劣らない雰囲気があった。

　また、ミュージカル・ライド・ブティックの真向かいには、ミュージカル・ライド部隊の司令部もあって、私はこの隊長でもあるケン・マクラーン氏と2001年の8月下旬のＢＣ州バンクーバー以来、約10ヶ月ぶりの再会を果たした。

　ＲＣＭＰオタワ本部の女性スタッフであるシンディ・ヘンリーさんからの資料では、何となくミュージカル・ライド・センターと司令部は、建物こそ違うが同一場所のような気がしたの

で、ミュージカル・ライド・センターとＲＣＭＰ本部のヘンリーさんへのみやげは、正座形の博多人形を用意し、マクラーン隊長へのみやげは立体形の博多人形を用意して、翌日のミュージカル・ライド本番の前に渡す予定にして、立体形の人形の方は、ワザとホテルに置いていた。

　マクラーン隊長との出会いについては、二日目のミュージカル・ライドの項目で、詳しく述べる。案の定、ミュージカル・ライド・センターと司令部は、建物こそ違っていたが、真向かいであって同一敷地内にあった。

　また、ミュージカル・ライド・センターといえども、やはりＲＣＭＰの管轄にあるので、赤い制服のマウンティーズばかりでなく、紺のチョッキ姿といった日常の公務姿のマウンティーズも見えており、私は親切にもパトカーにも乗せてもらった。ここで、私はミュージカル・ライド・ブティックのスタッフに、日本から持参の博多人形を渡すと、スタッフは、"Oh, it's fantastic！Thank you, very much."と言って、記念撮影にも応じてくれた。

　その後で、翌日のミュージカル・ライドが行われるグラウンドに行くと、偶然にも予期せぬ幸運が、待ち構えていた。

　グラウンドを、翌日のミュージカル・ライドの撮影のためにと思って、ビデオ・カメラ・アングルを予備点検している最中、"Are you a Japanese？"と長身（約170センチ）で、金髪の若い女性（20代後半位から30代、少なくとも46歳当時の私から見れば断然若い）から声をかけられた。"Yes, I am a Japanese and

I am Hajime Kato" と答えると "Oh, Mr. Kato. I am Cyndy Henry." と名乗ったのである。

　当日のＲＣＭＰ本部で会えなかったのが、何とこのミュージカル・ライド・センターのグラウンドで、偶然にも出会えたのである。

　早速ヘンリーさんに渡すために、用意していた正座形の博多人形を渡すと、"Oh, It's a wonderful Japanese gift. Thank you very much" と大喜びの表情を表して、同行していた同年代の女性スタッフと共に、記念撮影にも応じてくれた。二人とも私服姿だったので、女性マウンティーズ（婦人警官）のようには、最初は感じなかったが、二人とも均整のとれたスタイルなので、肉体はどことなく鍛えてある成果が見えて、私生活的な女性マウンティーズを、感じさせた。

　ヘンリーさんには、スコットランドとフランスの血が流れていて、昨年（2001年）に、子供が生まれたばかりだという新婚ホヤホヤでもある。

　ヘンリーさんのように、混血といえども北西ヨーロッパ系同志の血が流れているようなカナダ人は、宗教がプロテスタントであろうとカトリックであろうと、先祖に囚われていない「自分はカナダ人である」と申告するタイプである。

　またＲＣＭＰの職員に採用されるのには、英仏バイリンガルであることが、義務づけられていて、入隊資格もかなり厳しいというカナダ独自のアイデンテイテイなのでもある。そして、このようにアングロサクソンばかりでなくスコットランド系な

ども含める英仏系の共存は、カナダが「アメリカの51番目の州」にならない二言語、多様文化主義でもあるのである。

　それから、グラウンドでは、翌日のミュージカル・ライドに備えて、マウンティーのイラストがついた白いTシャツと黄色い線の入った紺の帽子による乗馬姿のマウンティーズも見られて、また彼らは、記念撮影にも応じてくれた。

　13時に、タクシーでオタワ市中心部のイタリアン・レストラン「マンマ・テレサ」に向かって、ミュージカル・ライド・センター及びステーブルス（うまや）を、後にした。

　それにしても当日の午前中に、ＲＣＭＰ本部を訪問して、お目当てのヘンリーさんに会えなかったので、「翌日にも再び訪れよう」と決意していたのが、このミュージカル・ライド・センターのグラウンドで、偶然にも出会えるなんて、こんな予期せぬ幸運な出来事はなかった。

二日目、ミュージカル・ライドを見て
・カナダが世界に誇るアイデンテイテイ

　カナダの独立記念日の7月1日から二日後の7月3日に、昨日（7月2日）に続いて、ＲＣＭＰミュージカル・ライド・センターを、訪問した。訪問した目的は、当日19時開始の「ＲＣＭＰサンセット・セレモニー」を、見物するためである。

　この日は、8時に宿泊中のトラベロッジ・ホテルのレストランで、フレンチ・トーストの朝食をして、10時にカメラとビデオ・ムービーと必要な荷物類の軽装で、パーラメント・ヒルこ

と国会議事堂に徒歩で向かって、10時30分のツアーを申し込んだのだが、余りの込み具合のため、12時20分のツアーとなり、一旦ホテルで時間を費やして11時50分に再度向かって、12時20分より13時20分まで、国会議事堂のツアーに参加する。(詳細は国会議事堂編を参照)

　13時30分に、議事堂前でタクシーを拾って、前日と同じイタリア料理マンマ・テレサでピザの昼食をした後、14時30分に同レストランからタクシーで、リドー・ホール（総督公邸）に向かって、15時にここのツアーに参加する（詳細は平日のオタワの名所他、リドー・ホールの項目を参照）。

・マクラーン隊長とスコットランド系カナダ人

　15時50分に、タクシーでリドー・ホールを後にして、16時にＲＣＭＰミュージカル・ライド・センターに着く。着くや否や、ミュージカル・ライド部隊隊長のケン・マクラーン氏（階級は警部）(Inspector. Ken Mac Lean)の司令部を、前日に続いて訪問した。訪問した目的は、日本から持参の立体形の博多人形を、プレゼントするためである。

　名字の接頭に、スコットランドのケルト語で「息子」を意味するマック（Mac）が付くマクラーン隊長は、当然ながらスコットランド系カナダ人である。彼とは、昨年（2001年8月24日）のカナダ西海岸でのＢＣ州バンクーバー以来の約10ケ月ぶりの再会である。

　マクラーン隊長は、私が前年にもバンクーバーにおけるミュ

ージカル・ライドとその終了後でのコケシを、プレゼントしていてくれたことも覚えていて、「昨年に続いて日本からの素晴らしいプレゼントを。Thank you, very much.」と大喜びの表情を表して、早速マウンティー（騎馬警官）のトレード・マークである赤のチュニック（上着）とスティッソン・ハット（つば広帽子）を付けて、記念写真に応じてくれた。

　スコットランド系カナダ人であるマクラーン隊長から話を、スコットランド系に転じれば、イングランドからのアングロサクソンが中心となって開拓して、言葉、文化、政治、経済へと主導権を握ったことからカナダとアメリカは、アングロ・アメリカと言われているが、アメリカと分離してカナダのみの範囲で言えば、アングロ・スコッティッシュ・カナダ（Anglo-Scottish-Canada）と言ってもおかしくない位、カナダでは伝統的にスコットランド系が、アングロサクソン系顔負けに主導権を、握っているケースが少なくない。

　まず、1867年7月1日に、イギリス連邦の自治領（Dominion of Canada）として独立した時の初代首相ジョン・マクドナルド（John A. Macdonald）は、スコットランド生まれであり、二代目首相アレキサンダー・マッケンジー（Alexander Mackenzie）そして、1878年には再びマクドナルドが首相に返り咲いて、1891年6月15日まで歴任するなど、カナダは独立からなんと約25年もの間、スコットランド系が国の舵取りをしていたのである。

　また1921年から26年、1926年から30年、1935年から1948年までに長きに渡って首相を歴任したマッケンジー・キング（W.L

Mackenzie King）もスコットランド系であり、最近では、1993年6月から四ヶ月と短かったが、キム・キャンベル（Kim Campbell）女性首相もスコットランド系であり、またドイツ系のジョン・ディフェンベーカー（John G. Diefenbaker）（1957年から1963年まで歴任）やフランス系のピエール・トルドー（Pierre E. Trudeau）（1968年から79年、1980年から84年まで歴任）といった歴代首相にもスコットランドの血も流れている。

　また歴代首相のように、ＲＣＭＰの上級幹部にもスコットランドの血を持つ人が、少なくない。このように、アングロサクソンからなるイングランドの陰に隠れているグレートブリテン島よりもカナダ、アメリカでリーダー・シップが取れるようになった背景には、スコットランドは気候も厳しく、土地もやせていて収穫も少なかったのに、英国王から長い間収穫されている小作人がほとんどであった。

　同じように、英国王やアングロサクソンから支配されていたアイルランド人と同じケルト民族ではあったが、バイキング（スカンジナビア人）からも侵略されて、彼らとの混血的影響を受けたスコットランド人は、16世紀の宗教改革時には、アイルランド人がカトリックのままであったのに対し、スコットランド人は、プロテスタントの一派プレスビテリアンへと改宗した。

　プレスビテリアンの教えは、倹約、勤勉、質素、民主的連帯と勉学を強調していた。学問は上層部の特権ではなく、一般の農民や商工民の間にも広がっており、カナダ、アメリカにおけるスコットランド移民の識字率は、彼らを支配していたアング

ロサクソンやチュートン（ドイツ、オランダ、スカンジナビアといった広い意味でのゲルマン民族）移民よりも高かったのである。

　スコットランドから新大陸へ来た移民が、各植民地で学校を起こし、農業や商工業を起こし、アメリカ合衆国の土台を作ったが、カナダでは、それ以上といってよい。いうなれば、スコットランド系のリーダー・シップの要因は、民族的教育熱心さにあったのである。

　さらに、カナダにおける地名では、大西洋沿岸部にあるノバ・スコシア州（Nova Scotia）の州名由来は、ラテン語で「新しいスコットランド」を意味し、また日本でも有名な夏における観光地として名高いカナディアン・ロッキーの表玄関と言われるバンフ（Banff）の地名の由来は、1883年12月に、カナダ大陸横断鉄道に投資していたストラスコーナ卿が、自分の故郷であるスコットランドの町にちなんで、名付けたことからである。

　そして、スコットランド系がカナダへ与えた影響力を証明するひとつに、各州を代表する独自のタータンチェックがあり、2001年の国勢調査では、スコットランド系カナダ人は、416万人を数え、598万人のアングロサクソン系、467万人のフランス系と並ぶカナダの三大マジョリティ(注1)であり、今日のカナダの発展に貢献しているのである。

(注1)　正確には、「自分はカナダ人である」と明確に言いきった人々が、1,168万人を占めてトップで、スコットランド系は四位である。千人単位は四捨五入。

RCMP・サンセット・セレモニーズ
RCMP Sunset Ceremonies
（前座編、スコッティッシュ・ダンス、馬術、警察犬ショー）

　2002年7月3日、水曜日の19時に、ミュージカル・ライド・センターの屋外グラウンドにおいて、RCMP・サンセット・セレモニーが開始された。時のRCMPコミッショナー・ジュリアーノ・ザッカデリ（Commissioner.Giuliano Zaccardelli）警視総監と女性三人を乗せた六人乗りの黒い馬車（馬が二頭に、御者が二人）が最初に入場して、その馬車の後に乗馬姿の二人の上級マウンティーズが、つきそって場内を一周した。

　いうなれば、赤のチュニック（上着）とスティッソン・ハット（つば広帽子）のマウンティー・ルック姿は、ザッカデリ警視総監を中心に、五人である。

　馬車が退場した後には、赤のチュニックとスティッソン・ハットの二人と黒い制服姿の二人のマウンティーズ旗手四人が、カナダ国旗を中心に持って行進し、その後にバグパイプ、大太鼓、小太鼓を用いて、赤いキルトとスポラン（キルトの前に下げる皮の袋）といった大まかには、20人の男性音楽隊の後に、黒と白の水兵姿や赤や緑の踊り子用の民族衣装を着た11人の女性陣が行進した。

　これらの入場行進を見た限りでは、7月1日の独立記念日同様、スコットランド系が実に、アングロサクソン系顔負けに、カナダ建国において主役的に、貢献していることがうかがえる。

　スコットランド風の入場行進が終わると、黒ずんだ水色のス

テージ（広さは約6メートル四方で、プロレスやボクシングのマットとほぼ同じ大きさ）で、グラウンド側のバグパイプの伴奏で、三人の水兵姿の若い女性（うち二人が黒で、一人が白の水兵姿）が、腕を上下に上げ下げしたり、軽快なステップの後に、緑のワンピース姿による二人の女子中学生が、白いエプロンを前に下げ、ダンス時にも、スカートの下の白い下着も堂々とちらつかせるので、年齢の割には実に、セクシーさが感じられる。

　ダンス内容が似ているせいか、女子中学生ダンスの最後には、前述した三人の水兵姿のダンサーが、加わってピリオドを打った。

　その後、数分間のスコットランド名曲のバグパイプによる伴奏が行われた後には、白いワンピースに赤い上着を着た六人の若い女性（年令は高校、大学生位）による、スカートを両手でつまんだり、両腕や左右の片腕を上げ下げしたりするなど、全体的に、腕を優雅に上げ下げするのが特徴のスコッティッシュ・ダンスが、披露された。

　ダンス終了後に、バグパイプの伴奏による男性音楽隊と女性の踊り子たちの退場行進には、観客から惜しみない大拍手が送られた。

　ダンス終了後の次に行われたのは、白いTシャツ姿によるマウンティーズ（馬のマークがついたRCMP指定着）の乗馬による、障害物を飛び越える時に、ピストルで風船を打ったり、また長さにして2.75mのヤリを、片手で乗馬をしながら地面に置かれている物を、突き刺すような乗馬芸は、一般人にはまず無理なせいか、観客からは当然の如く大拍手が送られる。

またポリス・サービス・ドッグス・デモンストレーション（Police Service Dogs Demonstration）は、警察犬シェパードによる高さにして1m以上のトンネルを、ジャンプしながらすばやくくぐったり、シーソーを、スムーズに乗り降りするシーンは、通常の愛玩犬ではなかなか出来ないせいか、ユーモラスな笑いと大拍手が送られていた。

前述したスコッティッシュ・ダンス、馬術、警察犬ショーなどは、前座とはいえメイン・エベントのRCMPミュージカル・ライド前には、決してナイガシロには、出来ない前座ショーなのである。

RCMPミュージカル・ライド・ショー

2002年7月3日（水曜日）20時20分、「RCMP（王立カナダ騎馬警察）ミュージカル・ライド」が開始された。

サーベルを持ったケン・マクラーン隊長先頭の元に、4頭が並行になって、縦8列の体制で、カナダが独立した年である1867年作曲で、長らくイギリス系カナダ人（アングロサクソン系ばかりでなくスコットランド系といったケルト民族系も含む）の間で歌われていた愛国歌「ザ・メープル・リーフ・フォーエバー」のバックグラウンド・ミュージックに合わせて、入場行進をする。マウンティーズが、入場すると、観客から惜しみない大拍手がこだました。

赤いチュニック（上着）とクリーム色（つば広帽子）による33名（約3割が女性）のマウンティーズは、サーベル姿のマクラ

ーン隊長と部下の32名による赤と白からなる三角形の旗をつけた竹で作られたヤリ（長さ2.75m）を持ったままの行進は、まさに雰囲気を盛り上げるのにうってつけである。

　またマウンティーズの赤いチュニックの原点は、大英帝国の威信を表しているのである。言うなれば、英国軍隊の伝統を受け継いでいるのである。そのためか、大英帝国の忠誠な長女カナダを、絵に描いたような感じである。

　入場行進が終了するとマクラーン隊長は、正面観覧席の名士（ジュリアーノ・ザッカデリ警視総監をはじめとする人々）や賓客に対して、サーベルを垂直に立てたままの乗馬姿で、あいさつをする。そして、32名のマウンティーズは、隊長の右へ習えの姿勢の乗馬姿で立ち止まっている。隊長は、大声で名士や賓客に向かって、スポーツでいう選手宣誓のあいさつをすると部下には、ミュージカル・ライド開始の号令をかけた。

　それと共に、音楽（バックグラウンド・ミュージック）が、会場内に流れてミュージカル・ライドのパフォーマンス（演技）が開始された。地元のバンドも演奏には加わっているが、ミュージカル・ライドの音楽は、テープ・CDなどによる拡大スピーカーによって、会場内ではすべて聞き取れるように流れている。

　ミュージカル・ライドのパフォーマンスは、主に騎兵隊のようなムードがテーマで、名馬の動きはスピーディで、かつ馬術のように歩調があい、騎兵隊の戦闘のようにかっこよく見えたり、車輪のような形になるなど、まさに絵になる芸術品だ。ミュージカル・ライドのフィギュア（絵になる姿）は、マウンティーズと名

馬たちのたゆまぬ常日頃の訓練によるたまものである。

ミュージカル・ライド・フィギュアは、ダイヤモンド状になるザ・ダイヤモンドから始まり、左右縦8列（16名）のマウンティーズが、長ヤリを斜め上に向けて、その間を左右8列（同じく16名）のマウンティーズがくぐり抜けるシーンは、まさに結婚式を想わせることから、ザ・ブライダル・アーチという。

それから続くフィギュアには、X状になるザ・エックス、Iターン状になるターンスタイルス、回転する門のようなザ・ゲーツ、星状になるザ・スター、車輪状になるザ・ワゴン・ホイール、十字架状になる上海クロス、葉のクローバー状になるザ・クローバーリーフなどが、前半の見所となるフィギュアである。

後半には、名馬が静止したままで、馬上のマウンティーズが、音楽に合わせながらヤリを動かすシーンは、古き良き時代の乗馬術からきている。その演技の間における名馬が、全く暴れようとしない落ち着いたシーンは、まさに日頃の調教のたまものである。

それからJ字状になるヘッズ・オブ・セクションズ・サークルス、4組の円形となるザ・カルーセル、迷路状に取囲むザ・メーズ、円（丸屋根）状となってヤリを上げ下げするザ・ドーム、ちなみにこの妙技は、50カナダ・ドルの紙幣にも描かれているほどの国家的妙技である。

ザ・ドーム終了後、8人馬のマウンティーズが、東西南北4方向に分かれて、一列縦隊となって、進行方向が4方向からなので、まるで手芸状のような格好となるスリーディング・ザ・ニードル

そして、横16人馬が前後2列となって、前列の名馬が、観客席に向けて突進するかのように見せかけて、寸前の所で止まるザ・チャージ（突撃）。この妙技は、観客に対しては、前列の名馬が走行している間は、まるで突進してくるのではないかと、一瞬ビビってしまうほど、インパクトの強い妙技である。

　ザ・チャージ終了後、4人のバグパイプとスコットランド民族衣装による楽団と一緒に5人（男4人、女1人その中の男2人は乗馬姿）のマウンティーズが、カナダ国旗が掲げられているポールに向かい、2人の男性マウンティーズが、カナダ国旗を降ろして、2人がすばやくパフォーマンス的に、国旗を四つ折りにたたんだ。

　またポール前の女性マウンティーの敬礼には、実に気合が入っていて、サマになるほど印象的だった。それからマウンティーズと参加者は、グラウンド中央に陣取った体制のまま観客と共に一丸となって、カナダ国歌「オー　カナダ」が合唱された。

　これは、ザ・ラリーという集合を意味するもので、ミュージカル・ライド・フィギュアの終了後に、カナダ国歌を合唱するのが、決まりとなっているものである。その後、マウンティーズが退場する時の行進曲、RCMPレジメンタル・マーチ（マーチ・オフ）のバックグラウンド・ミュージックが流れ、大拍手がこだまするままマウンティーズは、グラウンドを退場行進した。

　21時に、ミュージカル・ライドがメイン・イベントであるRCMPサンセット・セレモニーは、無事に終了した。大観衆で、ごった返していたので、21時30分にタクシーが、迎えに来て、21時50分にホテルに着いて一泊して、翌朝（7月4日、木）9時オ

タワ発、10時06分トロント着、AC445便そして、トロント発13時05分、成田着7月5日、(金)15時30分のAC001便で、無事帰国した。

　この成田行きの便は、7月とはいえまだ学校の授業がある時期だけに、日本の学生たちは余り見かけず、ナイアガラ滝方面からの年配の日本人観光客がかなり目についたのが印象的だった。

MUSICAL RIDE FIGURES
絵になるミュージカル・ライドのフィギュア（馬術妙技）

The Diamond　ザ・ダイヤモンド
　16人馬が、左右の2コーナーに別れ、そして8人馬が、左上、左下、右上、右下の4方向に向かうと、ダイヤモンド状になる妙技。

The Bridal Arch　ザ・ブライダル・アーチ
　結婚式がテーマで、左右8人馬2組のマウンティーズが、ヤリを屋根状にむけて、その中を8人馬2組のマウンティーズがくぐり抜ける妙技。

The X　ザ・エックス
　8人馬が、対照的に4組ずつV字状に走り回ると、32人馬でX字状の形となる妙技。

Turnstiles　ターンスタイルス
　16人馬が、2組に分かれて、その中の8人馬が対照的に向かい合って、Iターン状になる妙技。

The Gates（Swinging Gates）　ザ・ゲーツ（スイギング・ゲーツ）
　8人馬のマウンティーズが対照的に向かい合って、2組16人馬が回転する妙技。

The Star　ザ・スター
　8人馬のマウンティーズが、東西南北の4方向に、4組となって数回転する妙技。

The Wagon Wheel　ザ・ワゴン・ホィール
　32人馬のマウンティーズによって馬車の車輪のような姿にな

る妙技。

Shanghai Cross　上海クロス

まず内側中央に、4人馬が2組に分かれてななめ方向に、対照的に向かい合う。そして、外側でも4人馬が2組でななめ方向に、対照的に向かい合う。そして、また別の外側で4人馬2列（いうなれば8人馬）となって、それぞれななめ方向に、対照的に向かい合う。すると32人馬の姿全体が、十字架状になる妙技。

The Cloverleaf　ザ・クローバーリーフ

32人馬のマウンティーズが、幸運のしるしとされる四つ葉のクローバ状に描く妙技。

LANCE DRILL Music 6/8 Time　ランス・ドリル・ミュージック・6/8・タイム

名馬を静止させて、音楽に合わせながら32人のマウンティーズが、ヤリを上下左右に動かす妙技。

Heads of Sections Circles　ヘッズ・オブ・セクションズ・サークルス

4カルーセルに入る前の妙技で、4人馬がJ字状の形を、それぞれ対照的に8組づつ描き出す。

The Carousel（A segment of Carousel）　ザ・カルーセル（ア・セグメント・オブ・カルーセル）

4カルーセルともいい、8人馬が4組の円形となる妙技。

The Maze　ザ・メーズ

迷路といい、32人馬が一団となって、迷路状に取囲む妙技。

The Dome　ザ・ドーム

32人馬のマウンティーズが、円状となってヤリを上げ下げする妙技。またこの妙技は、50カナダ・ドルの紙幣にも描かれている。

Threading the Needle　スリーディング・ザ・ニードル
ザ・ドーム終了後8人馬のマウンティーズが、東西南北方向に分かれて、一列縦隊となって、進行方向が4方向から走り回るので、針が糸を通しているように、まるで手芸上の格好となる妙技。

The Charge　ザ・チャージ
突撃をいい、横16人馬が2列となって観客席に向かって突撃のようなポーズをとる妙技。

The Rally　ザ・ラリー
集合を意味し、カナダ国歌の合唱に合わせて、横16人馬のマウンティーズが、2列に集合する。その前には、サーベルを構えた隊長の1人馬が中央にて、整列する。

RCMP Regimental March（MARCH OFF）　ＲＣＭＰ・レジメンタル・マーチ（マーチ・オフ）
マウンティーズが退場する時の行進曲。

絵になるミュージカル・ライドのフィギュア（馬術妙技）の解説については、オタワ・ミュージカル・ライドセンターの指導員、エリック・シマード巡査長(Instructor&Corporal,Eric Simard)とレジャイナ・RCMP博物館のウェンディ・クラウシャウワーさん（Mrs.Wendy Kraushaar）からの個人的資料より協力を頂きました（2004年当時）。

オタワの中心部（国会議事堂）から
RCMPミュージカル・ライドセンターへの行き方
＊ 国会議事堂からタクシーで約20分

RCMPミュージカル・ライドセンターの概略

　一年中、なかでも5月から10月においては、無休なので訪問者はとても楽しめる。RCMPスタッフは、訪問者を常に温かく歓迎し、本番のミュージカル・ライドが必ずしも見られるとは限らないが、その練習場や飼育されている名馬そして、王立カナダ騎馬警察の記念物展示コーナーなどへの案内及びマウンティー関係のみやげ物の売店などがあるので、とても忘れがたい良き思いでが味わえる。

RCMP Musical Ride Center
P.O. Box 8900, Ottawa, Ontario, K 1G　3J2
Tel：（613）998-8199
Fax：（613）952-7324

5月～10月　午前9時～午後4時までで、この期間は無休
11月～4月　午前10時～午後2時までで、この期間は月曜～金曜で、土、日曜は休日
無料（寄付金）

―国会議事堂からRCMPミュージカル・ライド・センターまでの主なオタワ市内の一覧図

(1) Parliament Building（国会議事堂）
(2) Wellington St.（ウエリントン通り）
(3) Metcalfe St.（メトカルフ通り）
(4) Queensway 417（クイーンズウエイ・417）
(5) Rideau St.（リドー通り）
(6) Sussex Drive（サセックス・ドライブ）
(7) Eastern Parkway（イースタン公園通り）
(8) Aviation Museum（カナダ航空博物館）
(9) Sandridge Rd.（サンドリッジ街）
(10) Montreal Rd.（モントリオール街）
(11) St.Laurent Blvd（サン・ローラン大通り）
(12) RCMP Stables（RCMP厩及びミュージカル・ライド・センター）

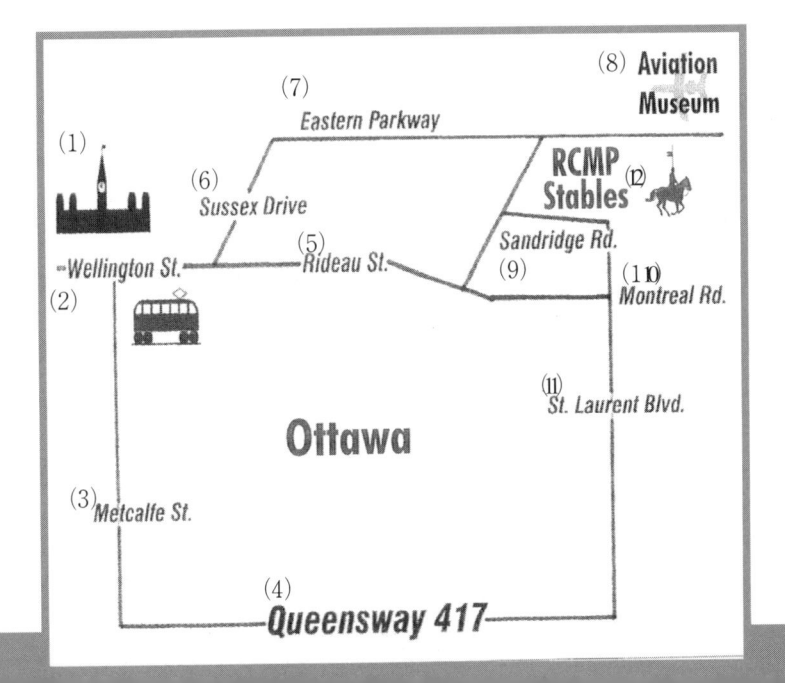

マウンティー早分かり

①RCMP（王立カナダ騎馬警察）史

1873　150人の隊員で西部開拓（現在のサスカチュワン州やアルバータ州）治安維持のため北西騎馬警察として創設される。

1874　隊員が300人に増員され、乗馬姿で今日有名な赤いチューニック（腰の下までの上着）を着て、地域を巡回する。

1875　サスカチュワン砦、カルガリー砦、ウオリッシュ砦が、できあがる。

1882　サスカチュワン州レジャイナに本部が置かれ、以後38年に及ぶ。

1883　隊員が500人に増員され、カナダ太平洋鉄道建設における治安維持などの新しい仕事が与えられる。

1885　ルイ・リエルの指導するメティス（フランス系とカナダ・インディアンの混血）の反乱が起こり、隊員数は1000人になる。

1898　現在のユーコン準州で大規模なゴールド・ラッシュが怒り、治安の維持にあたる。

1904　英国王エドワード7世より、いままでの功績が認められて、ロイヤル（王立）の称号が与えられる。

1919　マトニバ州ウイニペッグでゼネストがおこり、スト指導者や敵性外国人（ドイツや東ヨーロッパからの移民）を投獄する。

110

1920	本部がレジャイナから首都でもあるオンタリオ州オタワに移り、王立カナダ騎馬警察（Royal Canadian Mounted Police）となる。
1928	州や地方自治体との契約に基づいて、連邦権の及ばない地域においても警察業務を行うようになる。
1931	失業・農家救済法が成立され、この法に従わない者に対して、RCMPは罰金や拘留を科する権限が与えられる。
1939	第二次世界大戦勃発、カナダはイギリスに一週間遅れて参戦。
1940	RCMPはカナダ陸軍としてヨーロッパ戦線に派遣される。
1940〜1942	において、RCMP所属のセント・ロック号が太平洋岸のBC州バンクーバーから北極圏経由で、大西洋岸のノバ・スコシア州ハリファックスまで2年3ヶ月の航海に成功する。
1941	日本軍のアメリカ・ハワイ準州（1959年に州に昇格）パール・ハーバー奇襲により、カナダは日本に宣戦布告する。
1942	大半が太平洋岸のBC州に住む約2万1000人の日系人に対し、強制移動の管理にあたる。
1944	セント・ロック号が交換したディーゼル・エンジンで、ハリファックスから北極圏経由で、3ヶ月たらずでバンクーバーまで帰港する。
1945年3月	終戦の5ヶ月前に、収容所やその他の移動地における日系人を訪問して、「戦後日本に帰るか、カナダに留まるか」と尋問する。

1950 セント・ロック号、バンクーバーからパナマ運河経由で、ハリファックスまで航海し、世界最初の北米大陸を一周した歴史的名誉を遺す。

1970 大阪万国博でミュージカル・ライドを披露し、時のトルドー・カナダ首相も見物。

1973 RCMP創立100周年を記念して発祥の地・レジャイナのアカデミー内に、博物館を完成。

1984 情報収集業務は、カナダ公安情報局に移管されたが、国家の公安は現在でもＲＣＭＰの一部である。

2002 1万4000人あまりの警察官と5000人の一般職員を擁し、全国に犯罪探知書を6カ所、首都オタワにコンピューター化された警察情報センター、カナダ警察カレッジ、ミュージカル・ライド・センター、そして発祥の地レジャイナに訓練アカデミーが置かれ、現在に至っている。

②王立カナダ騎馬警察分割地域

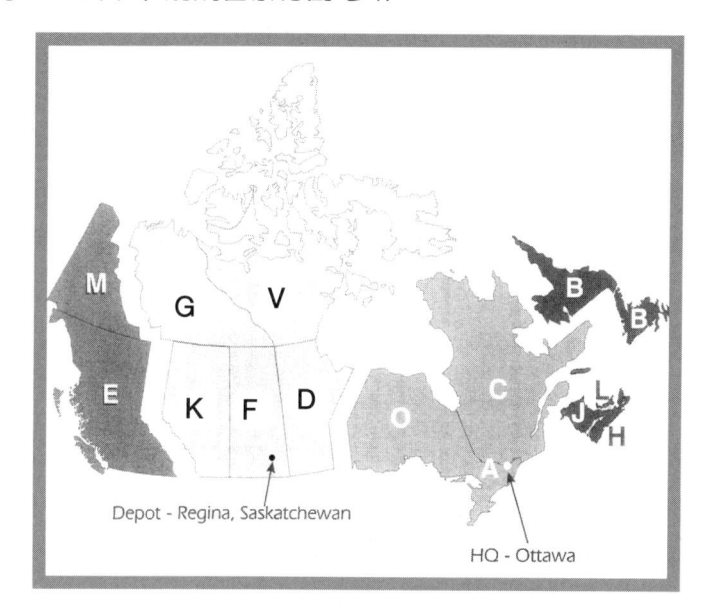

大西洋岸地域

　ニューファンドランド　-　B地域

　プリンス・エドワード・アイランド　-　L地域

　＊ノバ・スコシア　-　H地域

　ニュー・ブランズウィック　-　J地域

中央部地域

　＊オタワ（オンタリオ州）　-　A地域

　ケベック　-　C地域

　オンタリオ　-　O地域

北西部地域

マニトバ　－　D地域

＊サスカチュワン　－　F地域

ノースウエスト準州　－　G地域

アルバータ　－　K地域

ヌナブット準州　－　V地域

太平洋岸地域

＊ブリティッシュ・コロンビア　－　E地域

ユーコン準州　－　M地域

＊地域司令部が置かれている都市と州
カナダ総司令部は、首都オタワにあり、カナダ副総司令部は、サスカチュワン州レジャイナに置かれている。

Royal Canadian Mounted Police - Regions

Atlantic Region

Newfoundland - B Division

Prince Edward Island - L Division

＊ Nova Scotia - H Division

New Brunswick - J Division

Central Region

＊ Ottawa （Ontario） - A Division

Quebec - C Division

Ontario - O Division

North West Region

Manitoba - D Division

＊ Saskatchewan - F Division

Northwest Territories - G Division

Alberta - K Division

Nunavut - V Division

Pacific Region

✶ British Columbia - E Division

Yukon - M Division

*REGION HEADQUARTERS
HQ - Ottawa
Depot - Regina, Saskatchewan

③RCMP(王立カナダ騎馬警察)の階級表
HERE'S HOW THE RCMP IS ORGANIZED

Rank
階級

Commissioner (Commr.) (head of the RCMP)　1
　警視長官(加)　　1名

Deputy Commissioners (D.Commr.)　8
　副警視長官(加)　　8名

Assistant Commissioners (A.Commr.)　21
　警視総監補(英)　　21名

Chief Superintendents (C/Supt.)　37
　警視長(英)　　37名

Superintendents (Supt.)　105
　警視(加)　　105名

Inspectors (Insp.)　288
　警部(加)　　288名

Corps Sergeant Major (CSM)　1
　総巡査部長　1名

Sergeant Major (SM)　3
　一級巡査部長(英)　　3名

Staff Sergeants (S/Sgt.)　663
　二級巡査部長(英)　　663名

Sergeants （Sgt.） 1,491

　巡査部長（加）　　1,491名

Corporals （Cpl.） 2,749

　巡査長（加）　　2,749名

Constables （Cst.） 9,026

　巡査（加）　　9,026名

Special Constables 90

　見習い巡査（豪）　　90名

Civilian Members 2,040

　事務管理職員　　2,040名

Public Servants 3,472

　事務職員　　3,472名

Total　　　　　　19,989

　合計　　　　　19,989名

For January 1,2000 the position strength was 17,872.

2000年1月1日、当時の統計で、17,872名に人事異動が行われた。

（注）1867年に、イギリス連邦の自治領として独立したカナダは、完全な独立国とはいえ、現在でもイギリス連邦の構成国でもある。またカナダは、イギリスの警察システムを基本に、アメリカの現代警察システムを導入している。よって、階級システムは、アメリカよりもイギリス（連邦）と共通している点がある。よって、RCMPの階級表の日本語訳では、（英）はイギリス、（加）はカナダ、（豪）はオーストラリアの警察階級から引用したことを、意味する。

＊『世界のお巡りさん24時』　水野晴郎著　読売新聞社（1988）
　『ザ・お巡りさん』　水野晴郎　渓声社出版（1978）　より

Commissioner
警視長官

Chief Superintendent
警視長

Corps Sergeant Major
総巡査部長

Staff Sergeant
二級巡査部長

Deputy Commissioner
副警視長官

Superintendent
警視

Sergeant Major
一級巡査部長

Sergeant
巡査部長

Assistant Commissioner
警視総監補

Inspector
警部

Staff Sergeant Major
二級巡査総部長

Corporal
巡査長

118

④RCMP・ミュージカル・ライドを
　日本のNHKの放送番組や行事にあてはめると

・2001年と2002年に行われた日程（1）地名（2）市町村の人口（3）地元で行われた場所または主催者

－2001年—
—オンタリオ州—
（F）5月6日（日）（1）Kemptville（2）3300人、＊（3）Chamber of Commerce and Kemptville College
（F）5月10日（木）（1）Athens（2）3100人（3）Athens Lions Club
（E）5月19日（土）（1）Windsor（2）21万人（3）Windsor Essex Children's Aid Society
（F）5月21日（月）（1）Woodstock（2）3万3000人（3）Woodstock Rotary Club
（F）5月23日（水）（1）Goderich（2）7600人（3）ＩＯＤＥ
（F）5月26日（土）（1）Owen Sound（2）2万1000人（3）Lions & Kinsmen Club
（E）5月28日（月）＆29日（火）（1）Barrie（2）10万人（3）Rotary Club
（F）6月1日（金）（1）Prescott（2）4200人（3）Prescott Tourism & Fort Wellington
（F）6月9日（土）（1）Sundridge（2）1000人（3）Sundridge Strong Recreation Committee

119

（F）6月11日（月）(1) Hunstville (2) 1万7000人 (3) Friends of Muskoka & Rotary
（F）6月14日（木）(1) Aurora (2) 4万人 (3) ＴＢＡ
（F）6月17日（日）(1) Walkerton (2) 5000人、＊ (3) Rotary Club
（F）6月19日（火）(1) Stratford (2) 3万人 (3) Stratford Perth Museum
（F）6月21日（木）(1) Belleville (2) 4万6000人 (3) Quinte Exhibition & Raceway
（E）6月23日（土）(1) Kingston (2) 11万人 (3) Lions Club
（B）6月27日（水）～7月1日（日）(1) Ottawa (2) 77万人 (3) ＲＣＭＰ Sunset Ceremonies,（Stables)
（A）7月1日（日）(1) Ottawa (2) 77万人 (3) Parliament Hill
（E）7月14日（土）＆15日（日）(1) Nepean (2) 11万5000人 ＊ (3) National Capital Classic Horse Show

—ケベック州—
（E）7月7日（土）＆8日（日）(1) Quebec City (2) 51万人 (3) Plaines d'Abraham or Niagara Falls

—ブリテッシュ・コロンビア州—
（F）7月21日（土）(1) Castlegar (2) 7000人 (3) Pass Creek Regional Exhibition Society

（F）7月21日（土）（1）Trail（2）7600人（3）City of Trail

（F）7月23日（月）（1）Penticton（2）3万1000人（3）Rotary Club

（F）7月25日（水）（1）Kelowna（2）9万6000人（3）Lions & RCMP Vets Association

（F）7月28日（土）&29日（日）（1）Kamloops（2）7万7000人（3）Community Crime Prevention

（F）7月31日（火）（1）Chilliwack（2）6万3000人（3）Chilliwack Exhibition

（F）8月3日（金）&4日（土）（1）Sidney（2）1万1000人（3）Kinettes Club and Crime Stoppers

（F）8月7日（火）（1）Nanaimo（2）7万3000人（3）Nanaimo & District Equestrian Association

（F）8月9日（木）&10日（金）（1）Campbell River（2）2万8000人（3）Salmon Festival

（F）8月12日（日）（1）Port Hardy（2）4600人（3）Rotary Club

（F）8月18日（土）（1）North Vancouver（2）4万4000人（3）Town

（F）8月20日（月）（1）Maple Ridge（2）6万3000人（3）Agriculture Society

（D）8月24日（金）&9月2日（日）（1）Vancouver（2）55万人（3）Pacific National Exhibition

—アルバータ州—
(D) 9月24日（月）(1) Edmonton (2) 67万人 (3) International Association of Women Police
－2002年—

—ケベック州—
(F) 5月12日（日）(1) Lachute (2) 1万2000人 (3) Societe Agricoled'Argenteuil
(F) 5月14日（火）(1) Coteau du Lac (2) 5600人 (3) Exposition Pont-Chateau
(F) 5月17日（金）&18日（土）(1) Brome (2) 300人 (3) Brome County Agricultural Society
(F) 5月20日（月）&21日（火）(1) Sherbrooke (2) 7万6000人 (3) Evenir Production in cooperation with Reved'enfant
(F) 5月29日（水）(1) Drummondville (2) 4万7000人 (3) Canadian Cancer Society
(E) 5月31日（金）&6月1日（土）(1) Levis (2) 12万人 (3) Parc Canada,Fort Numeros 1,Levis
(E) 6月2日（日）&5日（水）(1) Quebec City (2) 51万人 (3) The National Battlefields Commission
(E) 6月8日（土）(1) Quebec City (2) 51万人 (3) Air Cadet League of Canada （Quebec)
(F) 6月12日（水）&13日（木）(1) Louiseville (2) 7600人 (3) Chambre de Commerce MRC de Maskinonge

（F）6月15日（土）＆16日（日）（1）Roberval（2）1万1千人（3）RCMP Roberval

（E）7月13日（土）＆14日（日）（1）Trois Rivieres（2）12万人（3）Corporation de l'Exposition Agricole de Centre du Quebec

（F）7月19日（金）～21日（日）（1）Blainville（2）3万6千人（3）ＴＢＡ

―オンタリオ州―

（F）5月26日（月）（1）Maxville（2）900人、＊（3）Kenyon Agricultural Society

（F）6月18日（火）（1）Richmond（2）2700人、＊（3）Richmond Optimist Club

（A）7月1日（月）（1）Ottawa（2）77万人（3）Parliament Hill

（B）7月3日（水）～7日（日）（1）Ottawa（2）77万人（3）RCMP Sunset Ceremonies,（Stables）

（D）7月11日（木）（1）Ottawa（2）77万人（3）Canadian Law Society

（D）7月25日（木）＆26日（金）（1）Toronto（2）248万人（3）World Youth Day Committee

―サスカチュワン州―

（F）8月3日（土）（1）Fort Battleford（2）1万4千人（3）ＴＢ

A＊（North Battlefordの近郊にある）
（F）8月4日（日）(1) Turtleford (2) 500人 (3) Turtleford Agricultural Society
（F）8月8日（木）(1) Swift Current (2) 1万5千人 (3) Knights of Columbus 3031
（F）8月9日（金）(1) Kyle (2) 500人 (3) Kyle Elks 169 and the Kinsmen Club
（F）8月11日（日）(1) Moose Jaw (2) 3万2千人 (3) Moose Jaw Exhibition Company LTD
（F）8月27日（火）(1) Indian Head (2) 1800人 (3) Indian Head Economic Development Corporation
（F）8月29日（木）(1) Saltcoats (2) 500人 (3) Saltcoats Agricultural Society
（F）8月30日（金）(1) Melville (2) 4400人 (3) Melville&District Agricultural Park Association
（F）8月31日（土）(1) Yorkton (2) 1万5千人 (3) The Health Foundation and the Rotary Club
（F）9月1日（日）(1) Sturgis (2) 600人 (3) Town of Sturgis
（F）9月3日（火）(1) Humboldt (2) 5200人 (3) City of Humboldt Leisure Services Department
（F）9月4日（水）(1) Wynyard (2) 1900人 (3) Town of Wynyard
（F）9月6日（金）&7日（土）(1) Prince Albert (2) 3万4千

人 (3) Prince Albert Exhibition&Prince Albert Children's Festival
(F) 9月10日（火）(1) Melfort (2) 5600人 (3) Melfort Agricultural Society
(C) 9月13日（金）&14日（土）(1) Regina (2) 18万人 (3) RCMP National Heritage Centre
(F) 9月17日（火）(1) Estevan (2) 1万人 (3) Rotary Club of Estevan
(F) 9月18日（水）(1) Carnduff (2) 1000人 (3) Carnduff Recreation Board
(F) 9月20日（金）(1) Weyburn (2) 9500人 (3) Weyburn Young Fellows Club
(F) 9月22日（日）(1) Moosomin (2) 2400人 (3) Moosomin Shire Club
(F) 9月25日（水）(1) Arcola (2) 500人 (3) Arcola Fair & Stampede

―アメリカ・カリフォルニア州―
(G) 8月16日（金）～22日（木）(1) Sacramento (2) 45万人 (3) California State Fair

　上述したミュージカル・ライドを、わが国のNHKの放送番組や行事にあてはめてみると、
(A) の01年、02年共にというよりも、原則的に毎年7月1日のカ

ナダの独立記念日に、パーラメント・ヒルこと首都オタワの国会議事堂の前庭で行われるミュージカル・ライドは、わが国の毎年12月31日の大晦日に行われる「NHK紅白歌合戦」のようなものである。

（B）のサンセット・セレモニーズは、わが国の「大相撲」の東京場所で、メイン・エベントのミュージカル・ライドが幕内試合にあたり、前座の馬術ショーや警察犬のドッグ・ショーなどは、幕下試合で、メイン・エベントを盛り立てるのには、欠かせない前座試合のようなものである。

（C）の02年9月13、14日にレジャイナで行われたのは、わが国のプロ野球でいえば、東京読売ジャイアンツが、毎年2月（06年当時）に行なう宮崎県の宮崎キャンプ地と宮崎市は、まず同一場所と考え2軍の合宿地は宮崎市にあり、1軍に昇格出来てこそ花のお江戸に移れると思えばよい。

　レジャイナは、RCMPの西部本部地であると共に、新人の育成地（トレーニング・アカデミー）でもある。いうなれば、この9月13、14日両日は、「1軍の公式試合」が宮崎市で行なわれたので、当然ながら「1軍の公式試合」の方に観客が集まり、そしてこの試合がNHKで放送されたと考えればよい。

（D）7月1日に行われるのが、大晦日の「NHK紅白歌合戦」ならば、これらは「BS日本のうた」や「歌謡チャリティーコンサート」は、首都圏並びに地方の大都市公演のようなものである。よって02年7月11日のオタワは、東京NHKホールで行われたコンサートのようなもので、トロント、バンクーバー、エドモン

トン公演では、これらの都市はカナダの国技であるアイスホッケーやカナディアン・フットボールの球団がある都市なので、わが国のプロ野球の球団がある地方都市、大阪（京阪神大都市圏）、名古屋、広島、福岡、札幌、仙台公演のようなものである。

またこの2年間でこそ行われなかったが、ケベック州モントリオール、オンタリオ州ハミルトン、マニトバ州ウイニペグ、アルバータ州カルガリーもアイスホッケーかカナディアン・フットボールの球団のある都市なので、上述した「BS日本のうた」や「歌謡チャリティーコンサート」の地方の大都市公演にあたる。

ちなみに、オンタリオ州の州都はトロントで、州がそれぞれ国のようになっている中で、州の政治、経済の中心地なので、その点ではわが国の東京のようなものだが、やはり国の首都で連邦政治、外交の中心地はオタワなので、この場合はオタワが東京、トロントが大阪のようなものである。

（E）人口が10万人以上の市で、わが国の県庁所在地や中都市（10万人以上を基準）で、「NHK歌謡コンサート」や「ふたりのビッグ・ショー」の地方都市公演のようなものである。

（F）人口が10万人未満の市町村で、「NHKのど自慢」の地方公演のようなものである。この番組は、地方公演でも必ずしも県庁所在地や中都市ばかりで行われるとは限らず、また全国放映されるので日頃は県庁所在地や中都市の陰に隠れているという地元っ子のストレスが、発散されるし、ゲスト歌手は二人だけだが、その年の大晦日の「NHK紅白歌合戦」に出場かまたは大ヒット曲のある大物歌手なので、地元の会場は満席となって雰

囲気は盛り上がる。

(G) これは、「NHKのど自慢」または「大相撲」のアメリカ・カリフォルニア州ロサンゼルスかサンフランシスコまたは、ハワイ州ホノルルといった海外公演のようなものである。この三都市は日系人や在留邦人が多いし、現地の観客の対象は彼らを見込んでのことで海外公演するようなものである。

＊さらに、2003年にはオンタリオ、アルバータ、ニューファンドランド・ラブラドル、ノバ・スコシア、ニュー・ブランズウイック、プリンス・エドワード・アイランド州そしてノースウエスト準州などを公演し、2004年にはオンタリオ、マニトバ州を中心に公演した。

(1)　地名 (3) 地元で行われた場所または主催者については、
Public Affairs and Information Directorate RCMP, Ottawa, Ontario
(2) 市町村の人口については、
The Road Atlas U.S. Canada, Mexico 2006, Rand Mc.Nally（ランド・マクナリー、2006年度）

＊2006年度のランド・マクナリーには、人口が掲載されてなかったので出所は、2002年度のランド・マクナリーより

上記の市町村の人口の基準は、10万人以上の都市は、万人単位で千人代を四捨五入。
（例）オタワ　774072〜77万人

1万人以上の都市は、千人単位で百人代を四捨五入。
（例）ノース・バンクーバー　44300～4万4千人
1万人未満～100人以上の町村は、百人単位で10人代を四捨五入。
（例）アセンズ,Athens（ギリシャの首都アテネの英語読み）
3053～3100人
『世界の地名、雑学事典』辻原康夫著　日本実業出版社（1999）

⑤赤い制服の騎馬警官「マウンティーズの誇り」

　「マウンティーズ（騎乗者たち）」の愛称で知られる王立カナダ騎馬警察の赤い上着と硬いつばのスカウト帽は、それを見ただけで、カナダのシンボルといっていいほど有名である。

　マウンティーズのルーツは、1873年5月23日に北西騎馬警察として、カナダ・サスカチュワン州レジャイナに誕生した。当時のカナダは、1867年7月1日に、独立はしたものも、北西部に広がる広大な平原には、住民がビーバーやバッファローの狩猟に生きるカナダ・インディアン・メティス（フランス系移民とインディアンの混血）や開拓民などわずか4万人しかいなかった。

　だがこの地には、アメリカから逃れたインディアンの乱入、彼らにウイスキーを、売りつける悪徳商人、さらに太平洋岸のブリティッシュ・コロンビアのゴールドラッシュに押し寄せる貪欲な人々で、人口が飛躍的に増加し出した。そして無法地帯になり出していた。

　これらの地方の治安を、維持するために"暫定的な"実験の北西騎馬警察として、当初は150名からなる18歳から40歳までの善良なカナダ男子が選抜された。

　マウンティーズは、不法交易の取り締まりや、先住民保護、地方の治安維持など任務をまっとうし、西部開拓時代、勇敢な正義の味方としてカナダ中に知れ渡った。無法状態となってインディアンも大量虐殺したアメリカの西部開拓と比較すれば、違いは歴然であった。カナダの秩序ある開拓にマウンティーズが果たした成果は実に偉大で、今でも多くの人々から尊敬され

ている。

　制服が赤なのは、大英帝国の威信を借りるためであった。マウンティーズがあちこちに築いた砦（エドモントン砦、カルガリー砦、マクロード砦）を拠点に、西部への入植が進められる中で、マウンティーズは、勇敢かつ公平にふるまった。

　インディアンからも尊敬されている実話には、ブラックフット族の酋長が、「マウンティーズは鳥の羽が鳥を守るように私たちを冬の寒さから守ってくれた」と語りまたアメリカ騎兵隊とインディアンの戦史上名高い1876年のリトル・ビッグ・ホーンの戦いで、カスター将軍に撃破されたシッティング・ブル酋長らが、カナダに亡命するとわずか4人の冷静なマウンティーズが、「我々の国の法律を守る限り、ここで平和に暮らせる。女王の国ではみなが家族だ。バッファローのための弾薬は一発なりとも人に向けてはならない」という温かい言葉を、ブル酋長が静かに受け入れた実話もあるのである。

　このような素晴らしい功績が元で、1904年、時の英国王エドワード7世から"Royal"（王立）の称号が与えられ、王立北西騎馬警察（Royal North West Mounted Police）となり、1920年には本部が首都オタワに移されて、名称も王立カナダ騎馬警察（Royal Canadian Mounted Police）仏語名GRC（Gendarmerie royale du Canada）と改名され、カナダ全体を所轄とする連邦政府機関に昇格して今日に至っている。

　RCMPは、小規模で暫定的な地方の警察から、国際的に通用する警察へと発展した。二つの世界大戦など戦時においても活

躍し、警察業務ばかりでなく軍隊、行政官も兼ね備えたようなカナダが世界に誇る連邦警察である。

現在、※1万4000人余りの警察官と約5000人の一般職員を擁し、全カナダに犯罪探知研究所を6か所、オタワにコンピューター化された警察情報センターを有し、さらにレジャイナに訓練アカデミーを、オタワにカナダ警察カレッジが設置されている。なかでもカレッジでは、カナダや世界各国の警察の要員に対する上級コースが設けられている。

※2005年時点では、約2万3000人がメンバーとなっている。

RCMPは、カナダの各州や地方自治体との契約に基づいて警察業務を行っている。なかでもユーコン準州やノースウエスト準州では唯一の警察権力であり、オンタリオとケベック以外のすべての州で州警察を統括する権限も備えている。

また麻薬、経済犯罪、移民などに関する140の連邦法を執行し、国際刑事警察機構（インターポール）の一員としてカナダを代表している。軍事門においては、12隻の軍艦からなる海軍部門と約30機の戦闘機を持つ空軍部門も持ち、カナダ国家安全保障、カナダ警察情報機関、個人情報部門からなる三つの主要犯罪調査機関もRCMP管轄下である。

RCMPへの志願者の条件は、19歳から30歳までの良識をもった通常独身のカナダ人ないしイギリス市民で、刑罰に関する前歴がなく、英仏語のいずれかに堪能であることとなっているが、政府の新しい指針に沿って、英仏バイリンガル能力を重視した新人採用が進められている。採用後は、レジャイナでまず26週

間の基礎訓練が続けられ、さらに6ヶ月の実務訓練が続けられている。

今日、RCMPを統率するのは、カナダ政府に報告義務をもつRCMP長官である。また長官は、RCMPが警察業務を提供している各州の司法長官に対しても報告義務をもっている。

RCMPの警察官は、カナダの元首である英国王室（女王または国王）の警察官として、自己の職業に限りない誇りをもち、またそれゆえに一層厳格な規律と高い志気が保たれているのであるが、一定の上級幹部に昇格した警察官に対しては、騎士に対して与えられる「サー」の称号が付与されていて、その社会的地位は非常に高く、カナダ人の尊敬を受けている。

現在マウンティーズことRCMPは、約2万人前後の警察官であり、騎乗での訓練はもはや必要でないものも、音楽隊によるミュージカル・ライド（音楽に合わせた騎馬行進）は、カナダでも海外でも人気の高い呼び物であり、重要な宣伝源でありつづけている。

以上が、「大英帝国の忠誠な長女」ミス・カナダを象徴し「正義の維持」がモットーであり、カナダが世界に誇る人間国宝軍団マウンティーズことRCMPの誇りなのである。

MRC=Musical Ride Centerの略

←ミュージカル・ライド・センターを案内してくれたガイドさん。実に情熱がこもった説明だった。
MRC

→イギリス王室を始めとする、世界各国の首脳のパレードに使用された馬車の展示。
MRC

←ミュージカル・ライドで活躍する名馬を運送するトレーラー。
MRC

→ＲＣＭＰ本部のシンディ・ヘンリーさん（左側サングラス）とその仲間たち。
MRC

→ミュージカル・ライドを練習中の
　マウンティーズ。やさしい笑顔で、
　撮影に応じてくれた。
　MRC

←ミュージカル・ライド開始前の女性
　マウンティー。実に気合いが入って
　いる表情だ。
　MRC

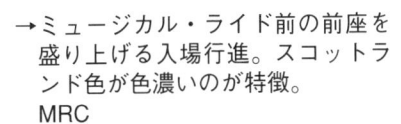

→ミュージカル・ライド前の前座を
　盛り上げる入場行進。スコットラ
　ンド色が色濃いのが特徴。
　MRC

←ミュージカル・ライドにおけるスイ
　ギング・ゲーツ。八人の乗馬姿のマ
　ウンティーズが、対照的な姿で数回
　転する。
　MRC

→ミュージカル・ライドにおけるザ・カルーセル。四個の車輪状態となる。

←カナダ国旗が降ろされている時のマウンティーズ。後ろ姿だが、女性マウンティーの敬礼姿は実にサマになっている。
MRC

⑥女性の王立カナダ騎馬巡査はいつ誕生したのでしょうか。THE FIRST WOMEN IN THE RCMP

今から100年以上も昔に、女性マウンティー（騎馬巡査）がいたのはご存じでしょうか？　その頃の女性の囚人は、騎馬警察所属の女性によって、看視されていたのです。後に（カナダの首都）オタワの本部では、優秀な女性判事、裁判官などが、法廷の仕事を受け持つようになりました。しかしながら、本格的な現場の女性警察官としては、1974年より女性の王立カナダ騎馬警察への入隊が、認められたことによります。

それまでは（1873年の北西騎馬警察の誕生以来）女性の現場における警察業務は、危険な状態と隣り合わせなので、なかなか許されなかったのです。しかし、（現場希望の）女性の王立カナダ騎馬警察への入隊志願は、かなり強固でした。今日では、王立カナダ騎馬警察の全体職員のうち女性が13％を占め、また現場の警察官には女性が20％を占めているのです。（1999年当時）

⑦お礼の言葉と取材した各RCMPの連絡先—

取材の許可と温かな歓迎、本当にありがとうございました。貴司令部らの多大な協力があったからこそ、「カナダ騎馬警察」の本が完成したのです。この紙面を借りて、お礼の言葉と代えさせて頂きます。

- RCMP博物館、サスカチュワン州レジャイナ、2001年8月
- バンクーバー海洋博物館、ブリティッシュ・コロンビア州バンクーバー、2001年8月
- RCMP本部、オンタリオ州オタワ、2002年7月

・RCMPミュージカル・ライド・センター、オンタリオ州オタワ、2002年7月

Thank you for sending information to me. My book "Close up of the RCMP in Japan" is finished because the RCMP headquarters were very cooperative.
I am including my thanks to you in my book.
*RCMP Museum
PO Box 6500 Regina, SK S4P3J7,Canada, TEL (306) 780-5838, FAX (306) 780-6349
*Vancouver Maritime Museum
1905 Ogden Ave, Vancouver, BC V6J IA3, Canada, TEL (604) 257-8300, FAX (604) 737-2621
*Public Affairs and Information Directorate RCMP
1200 Vanier Parkway Ottawa, ON K1A OR 2 , Canada, TEL (613) 993-1085, FAX (613) 993-5894
*RCMP Musical Ride Center
PO Box 8900, Ottawa, ON K1G3J2, Canada, TEL (613) 998-8199, FAX (613) 952-7324

第2部
アングロサクソン諸国の中のカナダ

アングロサクソン諸国の共通点と相違点

アングロサクソン諸国の国際的団結

　アングロサクソン諸国とは、アングロサクソン国家イギリスを母なる大英帝国として独立した「大英帝国の粗野な長男」アメリカ、「大英帝国の忠誠な長女」カナダ、「大英帝国のやんちゃな次男」オーストラリア、「大英帝国のはにかみやな次女」ニュージーランドの五カ国をいう。

　この五カ国は、今となっては我が国のような大和民族がまだまだ圧倒的な人種比率を占めていることに由来する単一民族国とはいえないが、アングロサクソンが持ちこんだ言葉（英語）、文化、政治、経済が社会の芯となっていて、いまだに根強いという意味では、まぎれもないアングロサクソン五カ国（諸国）である。

　この五カ国のさらなる共通点は、母なる国イギリスがピンチに陥った時には、決してほおっておかずに、助け合う点である。例をあげれば、20世紀の1914年に始まった第一次世界大戦では、8月4日の英国王ジョージ五世による対ドイツ宣戦は、イギリスのみならず植民地も含む大英帝国を代表しての宣戦だったので、当時の大英帝国の自治領であったカナダ、オーストラリア、ニュージーランドも同時に対ドイツ宣戦をしたのであった。

その一方で、時のアメリカ大統領ウッドロー・ウイルソンは、中立宣言をした。これは、アメリカがヨーロッパ大陸の諸問題には介入しないことを言明した1823年のモンロー宣言に基づいていたこととドイツ系の住民がアングロサクソン系顔負けに多くて、ドイツに対する同情もあったからである。(注1)

　だが、アメリカの中枢にいたのはアングロサクソン系の人々で、共通な言語を持っていたので、中立国アメリカの心情がイギリス側に傾いたのは、自然の勢いであった。

　ドイツの潜水艦Uボートは、イギリスを中心とした連合国の客船ばかりでなく、非武装のアメリカ商船までもが無差別攻撃のために多くの被害を受け始めたので、1917年4月6日に、対ドイツ宣戦布告した。翌18年11月11日のドイツの降伏によって、第一次世界大戦はイギリス側の勝利に終わった。

　それから約20年後の第二次世界大戦でも、英国王ジョージ六世が、1939年9月3日に対ドイツ宣戦布告を発するとオーストラリアとニュージーランドが、同時に参戦を表明し、またカナダは、議会による参戦の承認が遅れたためだが、一週間後の9月10日に対ドイツ宣戦布告した。

　アメリカは、第一次世界大戦同様、しばらくの間中立を守ったが、積極的にイギリス及び連合国側の兵器庫としての役割を果たしていた。時の英首相ウインストン・チャーチルは、一刻も早くアメリカが参戦することをのぞんでいた。

　その機会は、日本海軍が1941年12月7日のハワイの真珠湾奇襲によって、ついにアメリカに対して宣戦布告をし、また日本と

同盟国であったドイツとイタリアがすぐアメリカに宣戦布告をしたので、アメリカはヨーロッパとアジアの両方で、全面的に第二次世界大戦に突入した。これによって日本は、イギリス、カナダ、オーストラリア、ニュージーランドとも戦争状態に入ったのであった。

1939年から1942年まで、枢軸国が優勢だったが、豊かな資源と優れた工業力を持つアングロサクソン諸国が1943年以来反攻に転じて、同年9月8日にイタリアを降伏させ、1944年6月6日には、「史上最大の作戦」と言われたノルマンディー上陸作戦を決行し、翌45年5月7日に、ドイツ、同年8月15日に日本を無条件降伏させて、アングロサクソン諸国の勝利へと導いた。

また前述した二度の世界大戦以降でも、1982年のイギリスとアルゼンチンが武力衝突したフォークランド紛争では、他のアングロサクソン四カ国は、軍事的にこそ加担しなかったが、イギリスを支持してイギリス側の勝利に貢献し、また1991年の湾岸戦争には、米英を主力とする多国籍軍としてイラク軍を撃破し、21世紀を迎えた2001年9月11日に端を発したビンラディン対アメリカの同時多発テロに対しては、イギリス、カナダ、オーストラリア、ニュージーランドも、対米全面支援を宣言した。

これらは、「血は水より濃い」というか、いざ危急存亡の事態になった時におけるアングロサクソンの国際的団結心のたまものである。

また戦争に係わらず平和時の国際関係においても英米は実に一枚岩で動き、さらに同じアングロサクソン諸国のカナダ、オ

ーストラリア、ニュージーランドも常に英米の右に倣って動いている。世界の外交や国際関係においてイギリスかアメリカが強固に主張する案件には、他のアングロサクソン諸国が反対に回る事はない。

　だから21世紀になった今日でも、ジョン・ブル（英）、アンクル・サム（米）を主役とするアングロサクソンによる世界の外交や国際関係における主導の時代が続いているのである。

　またアングロサクソン五カ国のみで、安保情報を全面交換し、英米が中心であることから別名ＵＫＵＳＡ協定ともいう。

（注1）
　1990年の合衆国センサスでは、イングリッシュ（アングロサクソン）系3,265万人（13.1％）に対しドイツ系5,795万人（23.2％）と出た。また、2000年の合衆国センサスでは、アングロサクソン系2,452万人（8.7％）に対しドイツ系4,289万人（15.2％）と出た。だがセンサスにおけるアングロサクソン系とドイツ系の数値上の相違を過度に重視すべきではない。

　これは、「ドイツ系」が例として使用されたのに対して、「アングロサクソン系」は使用されず、本来ならば「ドイツ系」を二番目か三番目に記載すべきところを、一番目に記入してしまった人々が多数いたと考えられている。事実1980年のセンサスでは、イングリッシュ系4,960万人（21．9％）に対しドイツ系4,922万人（21.7％）であった。

　ただドイツ系が多いからといって、アングロアメリカ的発展に貢献していないと思ったらとんでもない大間違いである。例えば、アメリカ中北部とくにミネソタ、南北ダコタに集中しているプロテスタントのルター派を信仰するドイツ系とスカンジナビア系で、70％前後を占める地域は、アングロサクソンそのものの人種比率では劣っても、南部におけるアングロサクソンと有色人種が大半を占める地域や東部におけるアングロサクソンと白人カトリック系やヒスパニック系（スペイン語系住民）が大半を占める地域よりも、人種住民的にもずうっとアングロアメリカ的雰囲気が味わえる。事実、私自身もノルウェー（スカンジナビア）系が住民の大半を占め

ていて、※ノーディック・フェストというノルウェー系の民族祭が町の年中行事であるアイオワ州デコラーで体験した。

　これは、ドイツ系もスカンジナビア系もアングロサクソン系と同じチュートン（ゲルマン）民族系だからである。また同じチュートン系からなるミシガンやアイオワに見られるオランダ系の比率が高くて、彼らの祭りが年中行事にある地域でも同じ事がいえる。

　事実、アメリカの伝統的支配層ＷＡＳＰ（White Anglo Saxon Protestant）白人アングロサクソン新教徒は、アングロサクソン系が中核であるが、民族宗教的共通性からドイツ、オランダ、スカンジナビア系もＷＡＳＰとみなされている。

※これらの詳細については、筆者のデビュー作「アメリカの内なるヨーロッパを旅してみませんか」加藤元著2000年、新風舎発行p.18〜34に書かれている。

アングロサクソン諸国の相違的プロフィール

(1) 正式国名と英語名 (2) 独立年月日 (3) 首都 (4) 人口 (5) 面積 (6) 通貨 (7) 国花 (8) 国家的シンボル (9) 国民及び政府を象徴するニックネーム (10) 国歌 (11) イングランド人及びイングランド系の人口と英国国教会（アングリカン・チャーチ）の人口比率 (注1) (12) 国民的精神と気質

(注1) オーストラリアとニュージーランドでは、正式なイングランド系の統計がなされておらず、アングロ・ケルト系と表した。なおイングランドの事実上の国教である英国国教会はすべてがイングランド（アングロサクソン）系ではないが、彼らが大半を占めているし他のプロテスタント宗派も信仰しているので、この宗教比率で、イングランド系は最低でもこれだけは占めている目安となる。

---

(1) グレートブリテンおよび北部アイルランド連合王国（英国）United Kingdom of Great Britain and Northern Ireland (2) ＿ (3) ロンドン (4) 5,968万人 (5) 24,3万km² (日本の65%弱) (6) イギリス・ポンド (7) バラ (8) ライオン (9) ジョン・ブル（本来はイングランド人を指す）(10) God Save the Queen (King):君主が国王の時は (King) となる。(11) 4,999万人（連合王国内におけるイングランド人は83.7%）(注5) 英国国教会 48% (注2)、(12) 国民的精神を表現するならば、「伝統尊重精神」「保守的精神」「個人の尊重精神」「質素・堅実精神」「遊びの精神」であり、気質の特徴は、伝統主義、堅実かつ地味、歴史好き、紳士的、個人主義、マナー重視、遊びの心、ビートルズ好き、階級意識、紅茶とバラが好き、などがあげられる。

(注2) 連合王国内においては、圧倒的にアングロ・ケルト人からなる白人が92.9%に対し、旧植民地であった有色人種が7.1%で約404万人を有し大半がイングランドに居住している。よってイングランドの人口・イコール・

アングロサクソン人の人口ではないが、それでも他の4ケ国と比較すれば、アングロサクソン系の人種比率は断然高い。

（1）アメリカ合衆国 United States of America（2）1776年7月4日（3）ワシントンDC（4）2億9,363万人（5）962.9万km²（日本の25倍強）（6）アメリカ・ドル（7）バラ、セイヨウオダマキ（8）イーグル（9）アンクル・サム（アメリカ政府を指す）（10）The Star - Spangled Banner（11）2,452万人、8.7%（注5）英国国教会1.65%（2001年）（注3）、（12）国民的精神を表現するならば、「フロンティア精神」「開拓精神」「個人の尊重精神」「自発的・自由意志精神」などがあげられる。夢、希望、自由、そんな言葉がぴったりである。また気質の特徴としては、時間厳守、弱者優先、プライベートとビジネスを分ける、男女同権、禁煙主義、環境保護、ボランティア主義、夫婦中心、弁護士社会などがあげられる。

(注3) 2001年当時のアメリカの大人の総人口は、2億798万人に対しエピスコパル教会の信者は345万人。アメリカでは英国国教会をエピスコパル教会という。これは、別名監督派教会ともいい、41代大統領ジョージ・ブッシュは監督派の大統領11代目であり、上流階級の宗派の代名詞といってよい。(1989年当時)

（1）カナダ Canada（2）1867年7月1日（3）オタワ（4）3,251万人（5）997.1万km²（日本の26倍強）（6）カナダ・ドル（7）サトウカエデ（8）ビーバー（9）ミス・カナダ（大英帝国の忠誠な長女に由来）（10）O Canada（11）598万人20.2%（2001年）（注4）英国国教会2.6%（12）国民的精神を表現するならば、「保守的精

神」「強調的精神」「権威尊重精神」などがあげられる。また気質の特徴は、弱者援助、男女平等、保守的、強調的、権威尊重的、社会保障重視、プライバシー重視などがあげられる。

(注4) 2001年当時の人口（国勢）調査におけるカナダの総人口2,964万人

---

(1) オーストラリア Australia (2) 1901年1月1日（連邦結成）(3) キャンベラ (4) 2,013万人 (5) 774.1万ｋm² （日本の20倍強）(6) オーストラリア・ドル (7) ユーカリ、フサアカシア (8) カンガルー (9) オージー (10) Advance Australia Fair (11) アングロ・ケルト系1,334万人69.9%（1999年）(注5) 英国国教会22% (12) 国民的精神を表現するならば、「平等主義精神」「のんびり・ゆったり精神」「ボランティア精神」などをあげることができる。また気質の特徴は、明るく・のんき、平等、何事もノー・プロブレム、家庭中心、スポーツ好き、自然保護、時間にルーズ、環境問題にうるさい、禁煙主義、仕事と遊び、友人が大切、ギャンブル好き。

---

(1) ニュージーランド New Zealand (2) 1947年9月26日（1907年自治領）(3) ウエリントン (4) 407万人 (5) 27.1万ｋm²（日本の72%弱）(6) ニュージーランド・ドル (7) コーファイ (8) キーウイ (9) キーウイ (10)（God Defend New Zealand）(11) ヨーロッパ系292万人77%（大半がアングロ・ケルト系）(1998年) 英国国教会17.4%、(12) 国民的精神を表現するならば、「保守的精神」「強調的精神」「平等主義精神」および「質素」

などがあげられる。また気質の特徴は質素、誠実、親日家、家庭中心、自然環境保護、社会福祉重視、ボランティア、保守的などがあげられる。

アングロサクソン諸国内の共通点と相違点
・ 政体が立憲君主制である国　英国、カナダ、オーストラリア、ニュージーランド
・ 政体が連邦共和制である国　アメリカ
・ 自動車の通行が左側である国　英国、オーストラリア、ニュージーランド
・ 自動車の通行が右側である国　アメリカ、カナダ
・ 計量単位が英国式（マイル＝1.6km）（ポンド＝0.45kg）（ガロン＝4.5リットル）である国　英国、アメリカ　ただ英米共に世界標準に合せてメートル法の利用が進行中である。
・ 計量単位がｋｍ、ｋｇ、リットルである国　カナダ、オーストラリア、ニュージーランド
・公用語は、アングロサクソンが築いた国なので5カ国とも英語であるが、カナダではフランス語、ニュージーランドではマオリ語も公用語である。

　世界の4分の1を領土として治め、7つの海を支配した大英帝国と世界唯一の超大国アメリカ合衆国を築きあげたアングロサクソンの元々の領土は、国土面積わずか13万km^{2}の「アングル人の国」を意味するイングランドからのスタートであった。

海外への植民地こそほとんどを手放したが、アングロサクソン諸国の総面積は、2785.6万km²で、イングランドの実に214倍である。

　アングロサクソンの強烈な個性は、軍事力、経済力、自己革新力、政治、外交力において常に「NO.1」を目指す戦略しかとらないことにあり、世界を支配する民族アングロサクソンの偉大さである。

　これまでは、長所だらけの内容だったが、アングロサクソン諸国にも欠点、汚点がない訳ではない。1941年12月7日の太平洋戦争の引き金は、同年8月1日に発表された対日経済制裁として、石油の全面禁輸であったA（アメリカ）、B（イギリス）、C（中国）、D（オランダ）包囲網であった。

　ただBとは、イギリスのみを意味するのではなく、大英帝国を意味するので当然ながらカナダ、オーストラリア、ニュージーランドもBの一員として加担していたのであった。

　それと前述した大英帝国やアメリカ合衆国の領土拡大は、元を正せば「収穫が当たり前」の海賊的システムがルーツであり、またアングロサクソンが生み出した資本主義も同様であり、カネや土地を持つ資本家や地主たちがいかに儲けるかということが第一の目的になっていて、大多数を占める労働者に大損失を与え「アングロサクソンは人間を不幸にする」という同胞もいるほどである。

アングロサクソン諸国の相違的プロフィールにおける参考文献

(1) 正式国名と英語名 (3) 首都 (4) 人口 (5) 面積 (6) 通貨 (11) 英国国教会派の人口比率については、データブックオブ・ザ・ワールド2005年版 (C)、二宮健二編集兼発行者、二宮書店 (2) 独立年月日については、最新世界各国要覧10訂版、東京書籍編集部、東京書籍 (2000) (7) 国花 (8) 国家的シンボル (10) 国歌については、国のシンボル、藤沢 優著、頌文社 (1970) CD付き世界の国旗国歌、大泉書店編集部、大泉書店 (1998) (12) 国民的精神と気質については、ホームステイわくわく留学、松岡昌幸著、三修社 (2003) (11) イングランド人及びイングランド系の人口については、

英国＝National Statistics UK 2002 London, The Stationery Office

アメリカ＝Statistical Abstract of the United States:2003, US Census Bureau Ancestry : 2000

カナダ＝Statistics Canada, 2001 Census of Population

オーストラリア＝2001 Year Book Australia, Australian Bureau of Statistics

(注5) 英国の2000年の総人口は、5976万人。アメリカの2000年の総人口は、2億8142万人。オーストラリアの1999年の総人口は1908万人。
＊それ以外については、巻末の参考文献一覧表参照のこと。

イギリス人（系）イコール・アングロサクソン人（系）と判断するのは間違い

　イギリスという国名の由来は、イングランド（アングル人の国の意）がポルトガル語のイングレスを経て日本に定着した慣

用名称である。その意味では、アングロサクソン人からなるイングランドなのだが、イギリスの正式名称は、グレートブリテン・北アイルランド連合王国なのである。

　連合王国とは、イングランド、スコットランド、ウェールズ、北アイルランドの四つの国からなっている。イギリスの国旗であるユニオンジャックは、イングランドの聖ジョージ、スコットランドの聖アンドリュース、アイルランドの聖パトリックの三旗を組み合わせた旗で、特異なデザインと配色の見事さにおいて世界でも類を見ないすぐれた国旗といわれている。

　イングランドは、チュートン（ゲルマン）民族の一派であるアングロサクソンからなっているが、スコットランド、ウェールズそしてアイルランド人は、チュートン民族とは違うケルト民族からなっている。アイルランドは、現在ではイギリスとは異なる独立国だしイギリス連邦の一員ではないが、かつてはイギリス（イングランド）の支配下におかれていた。そういった歴史的背景により、アイルランドの守護聖人、聖パトリックもユニオンジャックに含まれているのである。

　イングランドを中心とするグレートブリテン島とアイルランド島のおもな出来事を述べると、ブリテン島にはBC500年にケルト人が移住していたが、449年には北ドイツ、デンマークからアングロサクソン人が本格的に侵入し、ケルト人をウェールズやスコットランドそしてアイルランドに追い払って、アングロサクソン七王国を600年以来築き上げ、829年エグバード王がイングランドを統一したことにより、アングロサクソンの主導権

は不動となった。

さらに1536年には、イングランドはウェールズを併合、1707年にはスコットランドを併合し、グレートブリテン連合王国が成立し、1801年にはアイルランド議会を併合した。だが、カトリック教徒であるアイルランド人は、プロテスタントのイングランド人とはウマが合わず、イングランドの支配に対する抵抗運動を、たゆまなく続け1922年にアイルランド自由国となり、さらに1949年にイギリス連邦から脱退して正式に独立した。だがアイルランド島内のアルスター地方は、プロテスタントが多いため現在でもイギリス領である。

このように、イングランド、スコットランド、ウェールズ、北アイルランド、そしてアイルランドも含めたイギリス人の英訳は、EnglishでなくBritishが正しく、これはアングロサクソン人ばかりでなく、ケルト人も含まれているからである。イングランド人の場合においてこそ英訳では、EnglishまたはAnglo-Saxonが正しいのである。

このような歴史的背景もあって、スコットランド人、ウェールズ人、アイルランド人といったケルト民族は、アングロサクソンからなるイングランド人に対して、すごい敵対心を持っている。なかでも実質的には、800年ものイングランドの支配を受けてきたアイルランドの敵対心はスコットランド以上である。

ケルト国家のイングランドに対する代理戦争ともいえるのが、サッカーのワールドカップである。サッカーやラグビーにおいては、イングランド、スコットランド、ウェールズ、北アイル

ランド、アイルランドとそれぞれ独立国として承認されているのである。例えば、イングランド対スコットランド、イングランド対アイルランドの試合などは、対ドイツ、対フランス、対イタリアといったよその国との試合よりも、燃えると言われている。

2000年の連合王国内における主要民族の内訳は、イングランド人83.6%、スコットランド人8.7%、ウェールズ人4.9%、北アイルランド人2.8%である。その中には、有色人種7.1%が含まれていて、旧イギリス領であったインドやアフリカ系移民が大多数を占めている。有色人種が増加する傾向にあるが、前述したアイルランドも含む連合王国の各五カ国は、少なくとも新大陸(他のアングロサクソン諸国)四カ国と比較すれば、まだまだ単一民族国に近いといってよい。

アングロサクソンが、中心となって築いたアメリカ、カナダ、オーストラリア、ニュージーランドといった新大陸四カ国にもスコットランド、アイルランドからのケルト人移民は、経済的に貧しかったので、イングランド人に負けじと大量移住した。

なかでも新大陸四カ国に移住したスコットランド、アイルランドからの先祖を持つ人々は、もはや母国の人口を上回っているのである。そういった背景のためか、新大陸四カ国からルーツ探しにスコットランドやアイルランドを訪れる人々はかなりいるのである。

さて今や完全なる独立国とはいえ、イギリス連邦内にあるカナダ、オーストラリア、ニュージーランドの民族構成に見られ

るイギリス系と発表された時には、アングロサクソンからなるイングランド系に加えて、スコットランド、アイルランド系が加えられている。

この場合の英訳でも、English や Anglo-Saxon は、間違いで、British が正しいのである。どうしてもアングロの表現を使いたい場合は、アングロサクソンとケルト人から構成されているので、アングロ・ケルト系、英訳では、Anglo-Celtic が正しいのである。

さて例として、カナダの民族構成（1871〜1981）をご覧になって頂きたい。

表1　カナダの民族構成(1871-1981年)　　　　　　　　　　千人(%)

	1871	1901	1921	1951	1981
イギリス系	2,110.5 (60.6)	3,063.2 (57.0)	4,868.7 (55.4)	6,709.7 (47.9)	9,674.2 (40.2)
フランス系	1,082.9 (31.1)	1,649.4 (30.7)	2,452.7 (28.6)	4,319.2 (30.8)	6,439.1 (26.7)
ドイツ系	203 (5.8)	310.5 (5.8)	294.6 (3.4)	620.0 (4.4)	1,142.4 (4.7)

『多文化主義、多言語主義の現在』西川長夫、渡辺公三、ガバン・マコーマック編著、人文書院（2000年）のp58より抜粋

上記のイギリス系の欄には、スコットランド系、アイルランド系の民族欄がない。これは、イングランド、スコットランド、アイルランド系が含まれているからである。よってここにおけ

るイギリス系の英訳は、English や Anglo-Saxon は、間違いであり、正しい英訳は、British または Anglo-Celtic が、正しいのである。

　新大陸四カ国におけるケルト系移民は、移住時期がアングロサクソンと同時期だったことや英語が話せたことさらに、文化生活水準の低い先住民や遅れてやって来たヨーロッパ内でも相対的には、生活水準の劣る東南ヨーロッパ系などがいたこともあって、連合王国（スコットランドやアイルランドにいた時）よりも生活水準が向上し、大統領や首相も出現したが、エスニック・イベント（民族祭）においては、Scottish や Irish のエスニック名を顕示して、明らかにEnglishとは違う先祖（民族）であることを、サッカー同様強調している。事実私もこの現実を、アメリカのエスニック・イベント※で検証した。

　最後にこれらを、日本と近隣諸国との関係に置き換えると、日本の国土は、まず本州のみと仮定し、本州がグレートブリテン島であり、韓半島がアイルランドであると仮定する。

　そして関東地方から中国地方まで住む大和民族が、イングランド人であり、東北地方に住む在日韓国人と大和民族の混血がスコットランド人であり、本州の韓半島寄りの九州ほどの面積を持つ炭鉱・渓谷地帯に、16世紀に大和民族に併合された韓国系住民が住むと仮定し、彼らがウェールズ人にあたり、さらに韓半島の日本寄りの四国ほどの面積の所が、日本領であって、人口の多数派（50％強）は、前述した東北地方人が住み、残り

は純粋の韓国系住民が住みそして前者がアルスター（スコットランド系北アイルランド）人で、後者がアイルランド系北アイルランド（イギリス）人であり、残りの韓国領の韓半島に住む韓国人がアイルランド人にあたると考えればよい。

※これらの詳細については、筆者のデビュー作「アメリカの内なるヨーロッパを旅してみませんか」加藤元著2000年、新風舎発行p.82〜91に書かれている。

カナダとアメリカの共通点と違い

　カナダ人及びカナダという国は、アメリカ人とだぶって見えたり、「アメリカ合衆国、カナダ州」といったまるで同一国のように見られやすい面が実にあるが、カナダ人はアメリカ人と間違えられたり「アメリカ合衆国、カナダ州」と言われたりする事を非常に嫌う。

　アメリカを始めとする外国にでかけるカナダ人の中には、アメリカ人と間違えられないように、スーツケースや服、帽子などにカナダの象徴である赤いカエデのワッペンを貼り付ける例も実に多い。実際私自身も日本やアメリカで、カナダ人的愛国顕示欲を目撃した事がある。

　これは、アメリカ人とは違う独立国民としての大きな誇りなのであるが、アメリカと共通点が大きくある事もまた事実なのである。まず、共通点の方から述べてみる。

カナダとアメリカの共通点

　アメリカもカナダも、中核となっている民族がアングロサクソンであり、彼らが持ち込んだ民主主義、自由主義、使用言語、思考方法、文化などが同じであり、中心となって開拓したことからアングロアメリカとよばれている。

　さらに両国とも移民によってつくられた国で、多民族が暮らしていて、基本的な生活習慣はほとんど同じである。それと文化面で、新聞、雑誌、テレビ、映画などに、アメリカ文化の影

響が大きすぎて、カナダ文化全体に浸透している。そして両国の国民は、身分証明さえ携帯していれば、パスポート持参の必要がなく相互に国境を越えることができる。

また両国の政治体制は、州政府の権限が強い連邦国家という点でも共通している。共に多民族国家であり、アメリカは「人種のるつぼ」に対して、カナダは「人種のモザイク」と言われる。

違いを分かりやすく言えば、アメリカは、「ハイ、今日からあなたはアメリカ人よ」とすべての人を一つの入れ物（ポット）の中に溶解（メルティング）してしまうメルティング・ポット主義。いわゆるアメリカ社会では、それぞれの民族の特色が、いわゆるアメリカ文化に溶け込み融合してしまうのに対して、カナダは「持ちこんだあなたの文化やアイデンティティを大切にするから、肩を並べて仲良くやりましょう」という多様文化主義。いわゆる各国の移民が自国の文化と特異性を失うことなく、モザイクのように組み合わさって国家を形成しているという違いであるが、そんな両国にも相対的な共通点がある。

それは、どちらも相対的にアングロサクソンを中心とする北西ヨーロッパ人種のるつぼであることと、その他の人種のモザイク（サラダ・ボール）である点である。

アメリカのメルティング・ポット（人種のるつぼ）の始まりは、クレヴクールの「アメリカ農夫の手紙」（1782）で、「彼らはイングランド人、スコットランド人、アイルランド人、フランス人、ドイツ人、オランダ人、スカンジナビア人の寄り集ま

りです。この雑種から、今日アメリカ人と呼ばれている人種が生まれたのです」との著作と名文からだが、よく考えてみれば、北西ヨーロッパ人のみを対象としている点である。

これに対してカナダの場合は、アメリカに一世紀以上遅れているが、1891年、時のカナダ首相ジョン・マクドナルドが、隣国アメリカに東南ヨーロッパからの移民が押し寄せている状態を嘆いて、「北西ヨーロッパ人だけが、文化的に健全であり、イギリス流の生活様式にすぐになじめる、この人々だけにカナダ入国（移民）を認めよう」と主張したことにある。

当然ながら当時は、イギリスの植民地であったアイルランドも含むイギリスや北西ヨーロッパ諸国からの移民のみが、歓迎された。なかでも1970年代には、カナダ全人口の約10％を占めていたドイツ系、オランダ系、スカンジナビア系からなるチュートン系（北ヨーロッパ系）移住者は、全国的な農村・都市間の移住が始まるまでに、カナダのアングロサクソン社会に同化されており、全く問題なく順応できていた。

これらの北ヨーロッパ系カナダ人は、同じチュートン民族からなるアングロサクソンに受け入れやすく同化が容易で、スムーズに混血した。

2001年の国勢調査の時には、「自分はカナダ人である」と明確に言い切った人が全体の3分の1以上を占めていて、民族に囚われていないカナダ人が多いことも事実なのであり、カナダもアメリカ同様アングロサクソンを中心とする北西ヨーロッパ人種のるつぼであるという点では、共通しているのである。また米

加両国共に、大半が1880年以前にやってきたことと出身地域が北西ヨーロッパという点で共通していることから両国とも旧移民と呼んでいる。

　1880年代に入り出すと、アメリカへの移民の質に変化が見られ出した。これまでの北西ヨーロッパからイタリア、ロシア、ポーランドといった東南ヨーロッパ出身地域からの移民が増加し出したのである。また同時期にもカナダでも、初代首相マクドナルドが嫌い恐れていた東南ヨーロッパからの移民が確実に数を増していた。米加両国とも北西ヨーロッパ系を「旧移民」東南ヨーロッパ系を「新移民」と呼んでいる。

　宗教的には、旧移民にプロテスタントの比率が高く米加両国の一部分になろうとして渡来したのに対し、新移民は宗教的に、カトリック、ギリシャ正教、ユダヤ教が圧倒的であり、文盲が多く、技能性に欠け、出稼ぎ的性格が強いのも新移民の特徴であった。

　1890年代には、アメリカにおけるフロンティア開拓期は終了しており、新移民にとって新しい農地を取得することは、困難であったため彼らの多くは、大都市のスラムに住みつき、不熟練労働者として、世界最大の工業国となるアメリカの産業を、底辺で支えたのであった。

　それに対してカナダの場合は、前述したマクドナルドの主張通り、イギリスや北西ヨーロッパ諸国からの移民が歓迎されたが、アメリカ同様歴史の浅いカナダでも彼らだけでは、必要な移民の絶対量を確保できないことが多かった。当然ながらカナ

ダとしても、東南ヨーロッパ諸国からの移民を受け入れることがしだいに重要な課題となってきた。

ローリエ自由党政権の内務大臣（1896年から1905年まで就任）クリフォード・シフトンが、民族のいかんを問わず少しでも早くプレーリー三州（マニトバ、サスカチュワン、アルバータ）を農民で埋めつくそうとして、とりわけ東欧に向けて積極的な移民誘致政策をとった。

プレーリーの苛酷な風土には、「粗末なシープスキンの外套をまとい、大地で生まれ、10世代も続く農民で、たくましい妻と半ダースの子供を持つ頑強な農民」が、イギリス系の軟弱な都市部の労働者階級よりは望ましいとされ、またとりわけウクライナ、ポーランド移民からなる東欧移民は、農業志向が強い分だけユダヤ人や南欧移民より好ましいとされた。

その点アメリカの東欧移民は、大都会の工業地帯に集まっていたのに対し、カナダの場合は都市の労働者も多かった一方で、農業がやれた。いうなれば農場主にもなれた点では、アメリカよりも恵まれているようであるが、農業の中でも後から移民したために、先着の移民である北ヨーロッパ系（ドイツ、オランダ、スカンジナビア人）移住者が入植しようとしなかった低質の土地を開墾しなければならなかったため農業の中でも東ヨーロッパ系は北ヨーロッパ系よりも職業的隔離が大きく、彼らよりも一層貧しかった点では、カナダ、アメリカ共に共通している。

さて一方、とりわけイタリア移民からなる南欧移民の方は、

19世紀から20世紀に変わる頃、アメリカの大都市の不熟練労働者として移住して来たのと同様、カナダでもモントリオールやトロントといった大都市に、不熟練労働者として移住して来た。またイタリアからカナダへの初期の移住者の波は、アメリカ同様イタリア南部でも特に貧しい地域からであった。彼らは、教養がなく、英語をほとんどまたは全く理解しない農民が大部分であった。

アングロサクソン中心からなるアメリカ、カナダ社会での同化は非常に困難であり、前述した東ヨーロッパ系移民同様、移住当初は実に惨めであり、アングロサクソン、北ヨーロッパ系の人々から実に差別を受けた。

ただ同じイタリア移民でも北部と南部出身者ではえらく待遇が違っていた。南ヨーロッパとはいえ、西ヨーロッパと社会的に接続している地域の北部イタリア人は、知的でほとんど全員読み書きができ、何らかの商売か職業技術を身につけていることが多い。

またカトリック教徒とはいえ、プロテスタントを信仰する北ヨーロッパ系と比べても好感がもて、移住者としての問題はほとんど起こらなかったのに対し、西アジア、オリエントと社会的に接続している地域の南部イタリア人は、北部イタリア人と比べれば背が低く肌が浅黒くて、ほとんどが文盲であり、未熟練の農民であったため、移住当初は低賃金の労働者階級にしか就けなかった。いうなれば、北部イタリア系は旧移民（北西ヨーロッパ系）扱いを受けたのに対し、南部イタリア系は新移民

（東南ヨーロッパ系）扱いであった。

　南部イタリア系、ギリシャ系といった南ヨーロッパ系移住者の大部分は、教育がなく、到着時には英語をほとんど話さず、肉体労働の仕事に集中していた点や大都市に母国の大都市（先祖の国）顔負けの移民街や共同社会を築いた点でもアメリカ、カナダ共に共通している。

　多民族社会であるカナダ、アメリカの共通点を総まとめにすると、アングロサクソンを中心とする北西ヨーロッパ系は、イングランド（アングロサクソン）系を関東人とすれば、スカンジナビア系は東北人、オランダ系は中部人、ドイツ系は近畿、中国地方を含む関西人、スコットランド系は九州人、アイルランド系は四国人、フランス系は北海道人のように各地方人の感覚で、結婚（雑種）し合うのである。

　東南ヨーロッパ系は、有色人種系と比較すれば北西ヨーロッパ系と混血しつつあるが、北西ヨーロッパ系間同志の結婚と比較すれば、まだ相対的には劣っている。カナダもアメリカも中核となっているのがアングロサクソンである点は共通しているが、同じアングロサクソンでありながら政治文化の違いからカナダとアメリカの決定的な相違点が生じたのである。

カナダとアメリカの違い

　カナダとアメリカの違いについての序論的段階では、日本でも指折りのカナダ学者である吉田健正先生の著作である「もうひとつのアメリカ　カナダを知る」まえがきの部分を引用させ

て頂く。

　1960年代アメリカのミズーリ大学に留学していた吉田先生（ここにあげた吉田先生の原文は私である）は、一人の女性と知り合いになった。ベトナム戦争が日増しにエスカレートし、大学ではティーチインと称するベトナム戦争についての討論会が盛んに開かれ、街頭でも学生のデモが繰り広げられる、というころである。

　当然、ベトナム戦争やそれをとりまくアメリカの政治状況が話題にのぼったが、彼女の口から「アメリカ人は何の権利があって世界の警察を自任しているのだろうか」「アメリカは独善的だ」といった言葉が次々飛び出した。彼女の外見や言葉から、アメリカ人だろうと考えていた吉田先生には、意外だった。

　ところが、訊いてみると、彼女はカナダ人であった。吉田先生が出会った最初のカナダ人である。

　そのころの吉田先生には、アメリカ人とカナダ人の区別がつかなかった。しかし、彼女は、アメリカ人とカナダ人は見たところ同一だが、世界観にしても、日常的な態度にしても、両者は全く違う国民だ、ときっぱり言った。「私自身、アメリカ人とはウマが合わない」とも話していた。

　それからおよそ十年後、吉田先生がある雑誌の依頼で、カナダ各地の街頭でさまざまな人々に、「カナダ人とは何ですか」「あなたにとってカナダ人は何ですか」と聞いて回った。するとほとんどの人が「アメリカ人と比べて…」という、ことわりをつけたのである。例えば、「アメリカ人と比べて、カナダ人は

静かで控えめ」「われわれは、アメリカ人ほど騒々しくないし、派手でもない」「カナダには、ニューヨークのような犯罪はない」「カナダではアメリカのような暗殺もなければ、他国に侵入することもない」「カナダ人は、アメリカ人に比べて進取の気性に欠ける」と。

　カナダ人からすると、カナダ人はアメリカ人と較べていろいろな点ですぐれているというアメリカ人とは違う独立国民としての誇りがあるのである。カナダ人は親切で控えめだし、街もきれい、黒人問題もなければ、ベトナム戦争のような戦争もしない…。アメリカ人はといえば、騒々しくて、派手ずき、いつも世界一を吹聴して、善意だが無神経、そして他国のことに干渉したがる、というのがカナダでの通り相場なのである。

　概してカナダ人はアメリカやアメリカ人を何事につけ意識し、また比較の対象にしているのである。できのいい兄貴のかげにかくれて、一生懸命自らのアイデンティティを見つけだそうとする弟のように。

　このような違いのルーツは、アングロサクソンの政治文化の違いからきているのである。アメリカもカナダも、中核となっている民族がアングロサクソンである点は共通しているが、アメリカが、英国という旧秩序を否定し、あえて英国と独立戦争をしてまでも新しい国を建設したのに対し、カナダが革命の道をとらず、平和的・漸進的方法（英国の自治領）を選んだのは、その後の両国の国民性を違うものにしたのである。

　アメリカ独立戦争（1776年7月4日、13州は独立を宣言）は、

13植民地内にいた親英的な人々（王党派）の北のイギリス植民地への大量移住を引き起こし、北米大陸に、同じアングロサクソン社会でありながら、アメリカとは異なる政治文化をもつイギリス系カナダを形成させたのである。

いうなれば、両国はイギリス植民地という点では同一国だったのだが、13植民地が英王室に対して、反乱したことによって、両国の違いができたのである。

アメリカは、イギリスとの関係を武力で断ち切り、英王室に反旗を翻した理想の連邦共和国に邁進していった。その結果アメリカの政治文化は、「自由」と「挑戦」に特徴づけられているのである。それに対しカナダは、英王室との関係を維持し、独立はアメリカの独立から約90年後の1867年7月1日に、自治領カナダの発足が、英王室に反旗を翻すことなく平和的に達成されたことである。

自治領カナダは、外交権、憲法修正権をもたず、真の独立国家とは言えなかった。その結果カナダの政治文化は、「維持」「存続」「秩序」に特徴づけられているのである。

カナダの初代首相ジョン・マクドナルドが、建国後十数年目に行った演説で、「わたしは英国臣民として生まれた。死ぬときもわたしは英国臣民だ。カナダの最上の利益は、すべて、わが母国とその忠誠にして愛する植民地（カナダのこと）のつながりにある」と、述べたのは、まさしく英王室への忠誠心その物である。

これとは対照的に、アメリカは憲法制定、西部開拓、南北戦

争、スペイン戦争などをへていよいよ結束し、強大化していった。それが資本主義、民主主義、アメリカ的生活様式に対する力強い信仰を生み、ますます自信をつけていったのである。

こうして妥協を好み、あまり主義主張を宣言しないカナダ人と、アメリカ第一主義を吹聴するアメリカ人との国民性の違いができたのである。

両国は、州政府の権限が強い連邦制（地方分権）という共通点があるように見える一方で、カナダの政治体制は英王室を元首に置く立憲君主制、議院内閣制といったようにアメリカとは、異なっているのである。

1867年に自治領となったカナダは、法律的には完全独立ではなく、外交、軍事に関しては英国議会に依存していたが、1926年のバルフォア宣言で外交権、1931年のウエストミンスター条例をもって自治権を獲得した。

ただカナダでは英国の「元植民地」という特質から、1947年まではカナダ人という法的概念は存在せず、あるとしても「カナダ在住の英国臣民」を基準としていた。1947年以降から「カナダ人」がメインの基準とされた。

こうしてカナダは、英連邦の一員として英王室をカナダの君主として仰ぎつつ、政治、外交、軍事はもとより完全な独立国となったのである。

1982年4月、エリザベス女王はオタワの連邦議事堂で新憲法ともいうべき「憲法条例」に署名した。これは1867年の自治領となった当時の「英領北アメリカ法」とその修正を一つにまとめ

たもので、新たに「権利と自由の憲章」が明文化された。この新憲法が公布され、カナダは植民地時代の最後の名残をなくし、法律的にも完全独立国となって今日にいたっているのである。

さてアメリカ人の多くに共通する国民性を述べてみると「開放的で陽気、かつ気さくにして親切。開拓者精神や独立心に富むが、一般に単純にして実直。画一性や格式ばったことをきらい、自己主張が強く、ときに独善的な押しつけがまさ」といったもので、具体的に動作でたとえると、知合いになるとすぐに相手をファーストネームで呼びたがる、背や腕に触りたがる馴れ馴れしさ、いささか大げさとも思えるジェスチャー、ユーモア精神を愛しジョークを連発、人なつっこくおしゃべりなどの点があげられている。

これは英王室に反旗を翻し、連邦共和国を築いたアングロサクソンが理念、価値観、言語など、アメリカ社会の芯となるものを打ち立てている一方で、アングロサクソンよりもむしろドイツ、オランダ、スカンジナビアを思わせるような、生真面目さや鈍重さの性格がみられるのは、ゲルマン（チュートン）化し、さらにおもしろく、悪ふざけをするアイルランド人気質がアメリカ化したことによる。要するに英王室に反旗を翻したアングロサクソンが国民性の芯であり、これにゲルマン・アイルランドが溶け合ったことを物語っている。

これらに対して、英語圏カナダの国民性を述べてみると、考え方や生活態度は概して保守的であり、初対面の人にとってはアメリカ人と比べて、少しとっつきにくい感じがするが、親切

で、あまりことを急がずのんびりしていることである。だが、カナダ人は基本的に人がよく親切であり、外国人として暮らす場合、対人関係でいやな思いをすることは少ないであろうし、また、カナダ人は豊かな自然と、地味ではあるが世界最高ともいうべき生活水準を味わっており、気持ちに余裕のある生活を営んでいるとされている。

これらは、英王室に忠誠を誓っているアングロサクソンとスコットランド系統が主流を占めているたまものがカナダ社会の芯である。アングロサクソン系カナダの基礎を作ったのは、アメリカ独立戦争を逃れた王党派（ロイヤリスト）の人々である。王党派の人々は親英的であり、英王室への強い忠誠心があり、反英的で共和的なアメリカには敵意すらもっていた。

カナダとアメリカの国民性の違いは、両国の歴史の違いに原因がある。アメリカが革命の中から生まれたのに対し、カナダはその革命を支えた思想に反対する動き、言うなれば「反革命」の中から生まれた。そこで、アメリカでは自由や権利、平等、探求心、開拓精神、企業家精神などを尊ぶ風土が生まれ、カナダは治安や秩序を重んじ、国民生活に政府が大きな位置を占める、保守的な社会になっているのである。

それとカナダとアメリカの大きな違いに、銃社会の違いがある。アメリカでは護身のために、民衆が銃をもつことが許されているため、毎年平均1万人以上（2003年時点）が、銃で殺されている。これに対し、カナダではアメリカの人口比10分の1以下どころか、比べ物にならない位銃殺的報道が起こらない。こ

れは、銃の所持が制限されていて安全な社会であるのもカナダ人のアメリカと違う大きな誇りなのである。

　また医療費は無料、福祉厚生の整った西欧型安定国家である点でもアメリカとは大きく異なっている。

　ただ時と場合によっては、カナダもアメリカと同一国のように見なければいけない時もある。2001年9月11日、アメリカ最大の都市ニューヨーク名物双子ビル、世界貿易センタービルに激突、首都ワシントンDCの米国防総省に衝突といった米同時テロ発生の時は、全米の空港はおろか、全カナダの主要な空港も閉鎖された。

　これは、6000キロにも渡る米加間の国境に加えて、カナダの人口のほとんどが、アメリカ本土との国境地帯に集まり、しかも断片的にかたまっているからである。なんとアメリカとの国境から200キロの範囲内に、カナダの総人口の90%が居住しているのである。こういった事態の時は、少なくとも米本土から遠く離れているハワイ、グアムといったような地域よりは、カナダの方がアメリカと同一国のような物である。

　さてこのテーマの結びとして、共にジョン・ブルというイングランド国民の象徴をアメリカ、カナダ共通の父親としての両国民の価値観の違いを、述べてみたい。

　アメリカ・テキサス州の大都会、ヒューストンの表玄関であるジョージ・ブッシュ国際空港という名前がついているアングロサクソン系アメリカ人の名士であり、テキサスで石油業に成功したのを、かわきりに政治の世界に転じ、1989年に父、2001

年に息子と親子二代で、アメリカ大統領を出したブッシュ一族のようなアングロサクソン系アメリカ人は、アメリカン・ジョン・ブルと言われることよりはアンクル・サムと言われることを断然好む。

　なぜならば、ジョン・ブルの王党政治に反旗を翻したのが元で独立したジョン・ブルの粗野な長男、アメリカ政府を象徴するアンクル・サムの子孫だからである。

　これに対して、カナダ・オンタリオ州の大都会、トロントの表玄関であるレスター・B・ピアソン国際空港という名前がついているアングロサクソン系カナダ人の名士であり、トロント大学教授から外交官へと転じ、1957年のスエズ危機では外務大臣としての功績が認められ、ノーベル平和賞を受賞し、1963年に首相となったピアソン一族のようなアングロサクソン系カナダ人は、カナディアン・ジョン・ブルと言われることは、アメリカ人と間違えられることのように非常に嫌ったりはしない。

　なぜならば、ジョン・ブルの王党政治には反旗を翻すことなく、王党派（ロイヤリスト）のまま自治領から独立した大英帝国（ジョン・ブル）の忠誠な長女ミス・カナダの子孫だからである。

カナダの中のフランス、ケベック州

　さてこれまでは、アングロサクソンを中心とする英語圏カナダのことを語っていたが、もうひとつの多数派フランス系カナダ人とケベック州のことを、語らずして、カナダのことは語れ

ない。

まずフランス系カナダ人は、カナダの人口の20％（約560万人、1996年）（約467万人、2001年＊注1）を、占めているが、ケベック州に至っては、フランス系が82％占めていて、郊外も含めた人口300万人を有するモントリオールは、パリに次ぐ世界第二のフランス語圏都市であることから「北米のパリ」と呼ばれている。

また州都ケベック・シティは、フランス植民地の拠点として建設された歴史的な街で、人口は65万人とモントリオールには劣るが、18世紀の歴史をそのまま閉じ込めてしまったような旧市街を持ち、住民の95％はフランス系が占めていて、バイリンガル的要素のあるモントリオールと比較すれば、フランス色は断然強い。そして公用語もフランス語が支配的なので、その意味では、ケベック州はカナダの中のフランスと言える。

歴史的にみて、カナダ人は、いわばアングロサクソンとフランスを両親として生まれ、アメリカを兄として育ってきたようなもので、カナダとフランスは切っても切れない関係にあるものなのである。

カナダの歴史を振り返ると、そこには必ず英仏の対立があった。1534年、フランス人ジャック・カルティエがカナダ入りして以来フランス領であったケベックは「ニュー・フランス」と言われ、1663年までにフランス人約6万人が入植していて、フランスの植民地として栄えていた。

だが1754年、英仏間の「七年戦争」が勃発して、1763年にフ

ランス植民地としてのケベックが英領カナダとして支配されてしまったとき、フランス系の「内なる屈辱」が宿命づけられたのであった。

それから約200年、アメリカも含める北米大陸は英語を話す人間で満たされ、アングロサクソン系がケベック社会の支配階層を形成し、1960年代までフランス系はケベック州内で最も低い賃金の労働者層を形成し、生活水準はカナダ人の平均より10%も低かった。

そこから、当然のごとくに、独立の動きが出てきて、もともとアングロサクソンとはウマの合わないフランス系なので、1963年に「ケベック解放戦線」が結成されるなど独立運動は激化の一途をたどり、1976年の州議会選挙では独立派の「ケベック党」が議席の70%を獲得するに至って頂点に達し、以後、独立具体化のため州民投票が何度も行われるまでになっている。そして1994年州民投票では、ついに「独立派」が過半数を制するに至ったのである。

だが「ケベック独立国」は、まだ実現していない。大都市モントリオールを抱え、広大な天然資源をもつケベックの独立は、カナダにとって莫大な損失であるため、カナダ本国が容易なことで、手放そうとしていないのである。

もうひとつは、フランス・イメージのわりには、フランス共和国自体がケベック州をそれほど大切にしていないことにある。ケベックの旧名であるニュー・フランスは、ルイ14世のもとで最盛期を迎えており、そこに入植したフランス人の多くは、フ

ランス革命前に渡ってきた人々である。フランス系の人々は、ニュー・フランスがイギリス植民地となったことで、フランスとの関係がきわめて薄くなったのに加え、革命の勃発というフランス本国の変化により、まったく孤立してしまったのである。

共和国になったフランスは、イギリス植民地のフランス系社会に関心を示さなくなり、フランス系カナダ人も王制を葬ったフランスへの愛着はなくなったのである。いうなればフランス系カナダ人の祖先たちは王制擁護の非共和主義者なのである。

またケベコワ（ケベック人）が話すフランス語は、現在フランスで使われている言葉とは少し異なっている。ケベックでは、最後の英仏戦争であったアブラハム平原の戦い以来、二世紀の間、本国フランスとの関係が途絶えていた。そのため、移民した当時の古典的なフランス語が話され、それが発展して今日のケベック語になったとされている。

その一方で、ケベックのフランス語は、フランスのインテリ、または、フランスかぶりのインテリにとって、おかしいフランス語と見なされ、ケベック語のことをJoualといってからかっている。ケベックの田舎言葉では、馬というフランス語Cheval（シュヴァル）をJoual（ジュワル）と発音するのである。言うなれば、フランス本国人は、ケベック人を見下している一面があるのである。

ラテン民族であるフランス系カナダ人は、圧倒的にカトリック教徒が多く、主にプロテスタントを信仰する英語圏に住むアングロサクソンを中核とする北西ヨーロッパ系カナダ人と比較

すると陽気で人なつっこいところがあり、人種的偏見も少なく、言動は、解放的である。

　ちなみに、19世紀（1840年頃）から現在までに100万人を越える貧しかったフランス系カナダ人（ケベック人）がアメリカのニューイングランド地方に住みつき、工場労働者としてこの地域の工業の発展に大きな力となり、フランス系カナダ人を先祖に持つアメリカ人が、2000年時点で、約235万人を占めている。

（注1）1996年に560万人を占めていたフランス系が、2001年に467万人となったのは、2001年の調査の時、1996年までフランス系と申告していたのが、カナダ人と申告を変えたのが、少なくないためである。

カナダ各州のお国自慢的プロフィール

カナダは連邦制を敷いていて、10の州と3つの準州から成り立っている。なお、カナダ国内の場所や位置については、マウンティ早分かり②王立カナダ騎馬警察分割地域の地図を参照のこと。
各州の①面積②人口③州都

・ブリティッシュ・コロンビア州　British Columbia

日本の約2.5倍の面積を持つ太平洋沿いの州で、英国風的雰囲気を持つ政治のビクトリアや貿易港バンクーバーという国際的都市を持ち、自然と都会の調和が織り成す魅力的な町並みそして、フィヨルドもある。
①94.4万km²②420万人③ビクトリア

・アルバータ州　Alberta
夏の観光地で名高いバンフ、ジャスパーからなるカナディアン・ロッキーを持ち、アルバータ牛で知られる牧畜州、そして地下には石油や天然ガスといった豊富な資源を埋蔵する、カナダのエネルギー産出州でもある。
①66.1万km²②320万人③エドモントン

・サスカチュワン州　Saskatchewan
サスカチュワンとは、インディアンの言葉で「流れの速い川」を意味し、ラテン語で「女王」を意味するレジャイナは、王立カナダ騎馬警察発祥の地でもある。さまざまな民族が入り混じっている食料庫州でもある。
①65.1万km²②100万人③レジャイナ

・マニトバ州　Manitoba
10万の湖を持つ大平原の中の水源地であり、西部の主な川がすべて流れ込んでいるマニトバ州は、平原地方の発電用水力の9割を担っている。州内の大都市ウイニペグは、「くまのプーさん」の名前の由来となった地だ。
①64.9万km²②117万人③ウイニペグ

・オンタリオ州　Ontario
州名は、イロクォワ語で「きらめく水」を意味し、カナダの首都オタワと最大の都市トロントという二大都市を持ち、カナダ

の政治、経済の中心地でもある。また世界三大瀑布のひとつ、ナイアガラ滝を持つ観光州でもある。
①107.6万km²②1239万人③トロント

・ケベック州　Quebec
16世紀にフランス人探検家によって開拓されたケベック州は、州民の約80%をフランス系が占め、フランス語が州の公用語である。フランス文化の中心地の大都会モントリオールと、古都ケベック・シティが二大都市である。
①154.2万km²②754万人③ケベック・シティ

・ニュー・ブランズウィック州　New Brunswick
独立戦争を逃れてアメリカ東部から移り住んだロイヤリストが基盤を作った町が多く、英国風の建物が残っている。州の80%以上が森林で奥深い自然の美しさがあり、ファンデイ湾には、20種類以上のクジラが生息している。
①7.2万km²②75万人③フレデリクトン

・ノバ・スコシア州　Nova Scotia
州名は、ラテン語で「新スコットランド」を意味し、スコットランド系住民が多く、バグパイプにキルトのスカートをはいた人々など、まるでスコットランドをおもわせるような風景に出会う。ハリファックスと函館は姉妹都市。
①5.5万km²②94万人③ハリファックス

・プリンス・エドワード・アイランド州　Prince Edward Island

面積は愛媛県ほどのカナダ最小の州だが、赤毛のアンのふるさとで知られ、夏のシャーロットタウンには、50万人を超す観光客が訪れる。また特産品のロブスター、オイスターなど新鮮なシーフードが、自慢でもある。

①5660km²②14万人③シャーロットタウン

・ニューファンドランド＆ラブラドル州　Newfoundland & Labrador

カナダ最東に位置し、1497年に探検家ジョン・カボットが最初に上陸した、カナダ歴史発祥の地という最古州である。夏のニューファンドランド島周辺には4000頭以上のクジラやイルカが集まり、また漁業が盛ん。

①40.5万km²②52万人③セント・ジョンズ

・ユーコン準州　Yukon Territory

ユーコンとは、ネイティブ・カナディアンの言葉で「最も偉大な川」を意味する。またベーリング海へ注ぐユーコン川は、全長3000ｋmの大河である。また真夜中に太陽が見られる土地でもある。

①48.2万km²②3万人③ホワイトホース

・ノースウエスト準州　Northwest Territories

イエローナイフは絶好のオーロラ観賞スポットとして有名な極北の地で、毎年冬には日本からの観光客が数千人訪れる。夏には多くのアクティビティも満喫できる。また国際犬ぞりレースというイベントがある。
①134.6万km²②4万人③イエローナイフ

・ ヌナブト準州　Nunavut
イヌイットの言葉で「私達の大陸」を意味するヌナブト準州は、日本の約5倍の面積を有する。イヌイットが住民の約85%を占め、彫刻、絵画、版画などで身の回りの動物や自然を素朴に、伝統文化を色濃く残している。
①209.3万km²②3万人③イカルイト

＊参考文献
地球の暮らし方（7）カナダ　2004～2005年版、「地球の歩き方」編集室、（株）ダイヤモンド社
P146のアングロサクソン諸国の相違的プロフィール、カナダ（4）における2004年の人口及び各州の面積と人口は、地球の暮らし方（7）カナダ2006～2007年版、「地球の歩き方」編集室、（株）ダイヤモンド社より抜粋

カナダの主要民族構成 （2001年） 単位万人

- カナダ人　1,168.2
- イングランド（アングロサクソン）系　579.8
- フランス系　466.8
- スコットランド系　415.7
- アイルランド系　382.2
- ドイツ系　274.2
- イタリア系　127.0
- 中国系　109.4
- ウクライナ系　107.1
- 北米インディアン（先住民）　100.0
- オランダ系　92.3
- ポーランド系　81.7
- インド系　71.3
- ノルウエー系　36.3
- ポルトガル系　35.7
- ウェールズ系　35.0
- ユダヤ系　34.8
- ロシア系　33.7
- フィリピン系　32.7
- メティス（ヨーロッパ人と先住民の混血）　30.7
- スウェーデン系　28.2
- ハンガリー系　26.7
- アメリカ人　25.0

- ギリシャ系　21.5
- スペイン系　21.3
- ジャマイカ系　21.1
- デンマーク系　17.0
- ベトナム系　15.1

総人口　2,963.9万人

（注）　1996年の国勢調査以来、民族にとらわれていないカナダ人というカテゴリー約881万人が、登録されたのを皮切りに2001年には、約1,168万人と登録された。これは、元を正せばアングロサクソン系を中心に、北西ヨーロッパ系が混血しあっていることが大きい。アメリカが人種のるつぼと言われるのに対し、カナダは人種のモザイク、多元文化主義を国是にしているが、16世紀にフランス領、イギリス領の宣言で始まったカナダも約500年の歴史を持ち、アメリカ同様北西ヨーロッパ人種のるつぼから始まったことは、否めない。なお各民族は、すべて混血も含まれている。

　詳しくは、カナダとアメリカの共通点を参照のこと。

参考資料　Population by selected ethnic origins, Canada 2001 Census

RCMP　参考文献
・アメリカの内なるヨーロッパを旅してみませんか　加藤　元著　新風舎（2000）
・イギリスの歴史　川北　稔、木畑洋一編　有斐閣アルマ　（2000）
・カナダの歴史　木村和男、フイリップ・バックナー、ノーマン・ヒルマー著　刀水書房（1997）
・この一冊でアメリカの歴史がわかる　猿谷　要著　三笠書房　（1996）
・クロニック世界全史　野間佐和子発行　講談社　（1994）
・アングロサクソンの金融支配戦略　高橋雄二著　オーエス出版　（1998）
・香港領事動乱日誌　佐々淳行著　文芸春秋　（1997）
・ビンラディン対アメリカ報復の連鎖　角間　隆著　小学館　（2001）
・地球の歩き方（20）カナダ2002～2003年度版「地球の歩き方」編集室　ダイヤモンド・ビッグ社　（2002）
・旅名人ブックス　オンタリオ・中央カナダ　吉沢博子、Amiy Mori著　日経ＢＰ社（1999）
・ナショナルジオグラフィック海外旅行ガイドカナダ編　マイケル・アイヴォリー著、青池ゆかり他訳　日経ナショナルジオグラフィック社　（2000）
・カナダ感動大陸の素顔　元木榮一著　河出書房新社　（1998）
・これが新しい世界だ9　カナダ　石原俊明発行　国際情報社　（1965）
・カナダ・北極　田辺　裕監修　朝倉書店　（1998）
・世界地理大百科事典3　南北アメリカ　田辺　裕総監修　朝倉書店（1999）
・世界地理大百科事典6　ヨーロッパ　田辺　裕総監修　朝倉書店（2000）
・英米事情ハンドブック　土岐省三発行　英潮社　（1993）
・Canadian Global Almanac 2001,　Macmillan Canada Toronto
・オーストラリアとニュージーランド　久村　研著　三修社　（2001）
・アングロサクソンは人間を不幸にする　ビル・トッテン著　ＰＨＰ研究所　（2000）
・資料が語るカナダ　日本カナダ学会編　有斐閣　（1997）
・「イギリス病」のすすめ　田中芳樹、土屋　守著　講談社　（2001）
・オーストラリア移民文化論　中西直和著　松籟社　（1999）
・アメリカ合衆国テーマ別地図　ドジャー・ドイル編　高橋伸夫、田林　明監修　東洋書林（1995）
・「民族」で読むアメリカ　野村達郎著　講談社　（1992）
・概説イギリス史［新版］　青山吉信、今井　宏編者　有斐閣　（1997）
・ニュージーランド案内　ニュージーランド外務貿易省　（2000）

- カナダ・メープルの国のゆかいなピープル　WCG編集室　トラベルジャーナル（2000）
- カナダを知る　吉田健正、J・セイウェル、S・ファース編　篠崎書林（1985）
- カナダ生き生き老い暮らし　サンダース・宮松敬子著　集英社　（2000）
- 近代のアメリカ大陸　清水知久著　講談社　（1984）
- 英語・カナダを旅する　根本昌彦著　三修社　（2001）
- カナダ多民族社会の構造　ジェフェリー・G・ライツ著　倉田和四生、山本剛朗訳編　晃洋書房　（1994）
- 地図で読むアメリカ・歴史と現在　川島浩平、小塩和人、島田法子、谷中寿子編、雄山閣出版　（1999）
- ワスプ（WASP）　越智道雄著　中公新社　（1998）
- カナダ現代政治　岩崎美紀子著　東京大学出版会　（1991）
- 海外生活の手引き、第20巻、カナダ・北欧編　外務省編集協力　財団法人世界の動き社　（2001）
- 民族文化の博学事典　辻原康夫著　日本実業出版社　（1997）
- もっと知りたいカナダ　綾部恒雄編　弘文堂　（1989）
- 前代未聞のイングランド　ジェレミー・パクスマン著　小林彰夫訳　筑摩書房（2000）
- 週刊現代　講談社　2001．10月6日号
- ジョージ・ブッシュ華麗なユーウツ　名越健郎著　新潮社　（2001）
- 地球を旅する地理の本6　北アメリカ・オーストラリア　小島　晃、小山昌矩、高木　正著　大月書店　（1993）
- 読売新聞　2001・10月18日号（朝刊）
- 地球の歩き方（2）　アメリカ　2001〜2002年度　「地球の歩き方」編集室　ダイヤモンド・ビック社（2000）
- 世界の風土と人びと　野外歴史地理学研究会編者　ナカニシヤ出版（2000）
- カナダ連邦政治　加藤晋章著　東京大学出版会　（2002）
- 21世紀　世界の民族紛争　福岡政行監修　主婦と生活社　（2001）
- カナダおもしろモザイク探訪　志摩夕美子著　健友館　（2001）
- アメリカの民族　綾部恒雄編　弘文堂　（1992）
- 二つの言葉の町モントリオール　原　章二著　彩流社　（2000）
- 現代アメリカデータ総覧1994　合衆国商務省センサス局編　鳥居泰彦監約、原書房　（1995）
- Regina Summer Guide 2001 Royal Saskatchewan Museum
- RCMP Centennial Museum Regina Saskatchewan, Kevin Fowler

（1994）
・The Royal Canadian Mounted Police 1873 _1987, Text by David Ross and Robin May Osprey Publishing London　（1988）
・カナダ歴史紀行　木村和男著　（1995）　筑摩書房
・誰も書かなかったカナダ　松下哲雄著　（1979）　サンケイ出版
・横浜市役所、総務局国際課　231－0017　横浜市中区港町1丁目1番地（2001年当時の資料）
・ＡＩＲ　ＣＡＮＡＤＡ　バンクーバー、ビクトリア、ウイスラー（2001）カナダ観光局
・ＲＣＭＰ｛王立カナダ騎馬警察隊｝巡回・補給船「セント・ロック」号 Japanese（2001年当時の資料）　バンクーバー海洋博物館　ＢＣ州、カナダ
・カナダ・ファクト　カナダ大使館広報文化部　（2002）
・新版世界各国史23　カナダ史　木村和男編　（1999）山川出版社
・カナダ20世紀の歩み　吉田健正著　（1999）彩流社
・カナダと日本　ジョン・シュルツ・三輪公忠編　（1991）彩流社
・日本万国博覧会公式記録　第1・2・3巻　日本万国博覧会記念協会（1972）電通
・地球の暮らし方（7）カナダ　2002～2003年版　「地球の歩き方」編集室　ダイヤモンド・ビッグ社（2001）
・個人旅行（40）カナダ　青柳栄次発行　昭文社（2002）
・わがまま歩き（7）カナダ　ブルーガイド海外出版部編集　実業之日本社（2001）
・カナダ37日　鈴木正行著　学文社（2000）
・トロント（日本語版）Royal Specialty Sales　（1998）
・カサロマのパーソナルガイド（日本語資料）Casa Loma,1 Austin Terrace Toronto,Ontario M5R 1X8, Canada　（2002年当時の資料）
・イタリア語小辞典　下位英一・坂本鉄男編　大学書林　（1992）
・最新版　民族世界地図　浅井信雄著　新潮社　（2002）
・地球の歩き方（86）東部カナダ　2002～2003年版　「地球の歩き方」編集室ダイヤモンド・ビッグ社　（2002）
・日本語版・オタワ　本文　カラ・クリロウイッチ　アーヴァン・ワイズドルフ社　（1995）
・カナダの教訓　孫崎　享著　ダイヤモンド社　（1992）
・July 1,2002 in Canada's Capital Region　National Capital Commission
・地球の歩き方（64）　ワシントンＤＣ編　2002～2003年版　「地球の歩き方」編集室　ダイヤモンド・ビック社　（2001）

・第二次世界大戦人名事典　ジョン・キーガン編者　猪口邦子監修　原書房　（1996）
・欧州戦史シリーズVol.22　「アメリカ陸軍全史」星川　武編集　学習研究社　（2003）
・Canadian War Museum Visitor's Guide, Ottawa, Ontario, Canada（2002年当時の資料）
・Rideau Hall, Ottawa, Ontario, Canada　（2002年当時の資料）
・カナ発音　仏語小事典　伊東　英編　大学書林　（1993）
・移民の一万年史　ギ・リシャール監修　藤野邦夫著　新評論　（2002）
・アメリカのゆくえ、日本のゆくえ　霍見芳浩　ＮＨＫ出版　（2002）
・カナダを知るための60章　綾部恒雄、飯野正子編　明石書店　（2003）
・Canadian Almanac & Directory 2003 156th year, Micromedia ProQuest
・Boldly Canadian ,The Story of the RCMP　Joann Hamilton-Barry, Kids Can Press　（1999）
・The Musical Ride of the Royal Canadian Mounted Police, William H.Kelly & Nora Hickson Kelly, Equimedia, Austin,Texas, USA　（1998）
・RCMP Fact Sheets 2000/01, Minister, Public Works and Government Services, Canada　（2000）
・そうだったのか！アメリカ　池上　彰著　集英社（2005）
・世界の国旗大百科　辻原康夫編著　人文社　（2001）
・聖書がわかればアメリカが読める　鹿嶋春平太著　PHP研究所　（2001）
・AIR CANADA　トロント　（2002）カナダ観光局
・地球の歩き方（B16）カナダ　2005,～2006年度版、「地球の歩き方」編集室　ダイヤモンド・ビック社　（2005）
・Australia in brief 2000 日本語版　オーストラリア大使館広報部　（2000）
・読売新聞2006.2月1日号朝刊

あとがき

　私が、マウンティーズこと王立カナダ騎馬警察隊を、初めて生で見たのは、1970年（当時中学3年生）の大阪万国博覧会のカナダ館であった。マウンティーズは、カナダ館の顔として、赤の上着（チュニック）と硬いつばのスカウト帽（スティッソン帽）を着用していて、見るからにアングロサクソンを思わせるような金髪、青い目、長身（185センチ前後）、鍛錬した肉体といった条件を揃えていて、カナダ館の見物客には大もてだった印象があった。私もまたマウンティーと一緒に、父より記念撮影をしてもらった。

　私個人としては、小学生の頃から世界地理が好きで、アングロサクソン諸国の中のイギリス、アメリカなかでも後者のアメリカにはすごい関心があって、カナダにはそれほど関心がなかったのだが、万国博覧会のカナダ館とマウンティーズがきっかけで、カナダにも飛躍的に関心を持ち出した。

　万国博覧会を見物して、そして東京の自宅に帰ってから、カナダ政府観光局にはがきでカナダの観光資料を取り寄せると、送られてきた観光資料には、バンフ、ジャスパーといったカナディアン・ロッキーが印象に残るような内容であった。なかでもレイク・ルイーズの神秘的な美しさには、魅了され、カナダへの関心を不動のものにしてしまった。

　それから8年後の1978年に、カナディアン・ロッキーへの旅行

が実現し、「百聞は一見に如かず」の通りであったと同時に、赤のチュニックとスティッソン帽のマウンティーズも、Tシャツや人形などが、人気グッズとしてカナダを中心とする欧米人観光客に、人気の的であった。

帰国後もカナダに対する関心は、少しも衰えずにカナダに関する本はまあまあ見たが、カナダを紹介する本には、マウンティーズが結構紹介されていたが、個人的には、断片的だったのが不満であった。

それに対し、カナダの本にはマウンティーズを、RCMP（Royal Canadian Mounted Police）（日本語では「王立カナダ騎馬警察」）といったようなタイトルで、主役とテーマにしていたのが、かなり出版されていた一方で、カナダをテーマとした日本の本には、私の個人感では、マウンティーズを主役、テーマにした本がこれといって出版されていなかったので、いつかは私がRCMPことマウンティーズを、クローズ・アップさせてみたいという自己実現欲が、「カナダ騎馬警察」といったタイトルで、ついに実現したことは、とてもうれしいことである。

この本を出版するに当たって、叢文社代表取締役会長である伊藤太文氏と企画と編集を担当して下さった佐藤由美子編集長、そして2001年と2002年に資料提供をして下さり、そして取材を許可して下さって、暖かく親切に迎えて下さったカナダ、サスカチュワン州レジャイナのRCMP博物館、ブリティッシュ・コロンビア州バンクーバーの海洋博物館、首都オタワのミュージカル・ライド・センターとRCMP本部のスタッフの方々に

も「どうもありがとうございました」というお礼の言葉で、あとがきをしめくらせていただきたい。

　また、本書の完成を待たずに、2005年11月に逝去した父、加藤　譲の墓前に捧げたい。

著者　加藤　元

P.S.,

　読んでいただく方々に、自分の思いを深く正確にお伝えできればと一所懸命書きましたが、細かい点での不満足な……と思われる部分もあります。お読みいただいてお気づきの所がありましたら、ご指導いただければ幸甚に存じます。

著者　加藤　元（かとうはじめ）
昭和31年（1956年）1月2日生まれ。
1979年3月、駒沢大学経営学部経営学科卒業。
1998年6月、旅行地理検定協会（日本交通公社系列）主催海外旅行編A級取得。
2000年9月、新風舎より「アメリカの内なるヨーロッパを旅してみませんか」を処女出版。
東京都立川市在住（2006年4月現在）。

カナダ騎馬警察

発　行　　2006年9月20日　　第1刷

著　者　　加藤　元
発行人　　伊藤太文
発行元　　株式会社叢文社
　　　　　東京都文京区春日2-10-15
　　　　　〒112-0003
　　　　　電話　03-3815-4001

印刷・製本　　マルコー企画印刷

定価はカバーに表示してあります。
乱丁・落丁についてはお取り替え致します。

Hajime KATO Ⓒ
2006　Printed in Japan.
ISBN4-7947-0561-1